Ralf Mattern

Orte der Wernigeröder Arbeiter- und Demokratiebewegung

Ein historischer Rundgang durch die Stadt und die Ortsteile

Zweite ergänzte Auflage

Bibliografische Information der Deutschen Nationalbibliothek:
Die Deutsche Nationalbibliothek verzeichnet diese Publikation in
der Deutschen Nationalbibliografie; detaillierte bibliografische Daten
sind im Internet über http://dnb.dnb.de abrufbar.

Foto auf dem Cover: Horst Foerster, Darlingerode (Demonstration
am 04.11.1989)

Foto auf der Rückseite: Die vom Ministerium für Staatssicherheit so
bezeichnete »Gruppe Grüne Alternative« am 06.06.1987 auf der
Wanderung zum konspirativ organisierten ersten »Treffen der alternativ denkenden Jugend des Harzvorlandes«

Herstellung und Verlag: BoD – Books on Demand, Norderstedt

ISBN: 978-3-74480-922-1

Danksagung:

Herzlich bedanken für die Unterstützung, Hilfe und Zuarbeit möchte ich mich bei: Olaf Ahrens (Kulturamt Stadt Wernigerode), Michael Boos (Ortschronist Silstedt), Prof. Dr. Konrad Breitenborn (Kulturstiftung Sachsen-Anhalt), Otto-Gerhard Büchting, Bettina Drube (Friedhof Wernigerode), Saskia Düsedau (Stadtarchiv Wernigerode), Heike Fischer, Otmar Groß, Wolfgang Grothe, Franziska Herker (Rezeption Hotel »Erbprinzenpalais«), Ingrid Hintze (Ortschronistin Schierke), Ludwig Hoffmann, Steffi Hoyer (Harzbücherei Wernigerode), Peter Lehmann, Herbert Leimhuth, Christa Lorenz (Ortschronistin Minsleben), Hans-Peter Mahrenholz (Stadtarchiv Wernigerode), Andrea Maleka (Kulturstiftung Sachsen-Anhalt), Matthias Meißner (Mahn- und Gedenkstätte Wernigerode), Angelika Münchhoff (Kulturstiftung Sachsen-Anhalt), Mandy Reinhard (Bauarchiv Wernigerode), Burkhard Rudo (Bauamt Wernigerode), Horst Schädel (Ortschronist Reddeber und Minsleben), Petra Schulz (Pflegeheim »Sonneck-Harzfriede«), Rainer Schulze, Herbert Siedler (Leiter Gerhart-Hauptmann-Gymnasium), Siegfried Siegel, Ottmar Wolff (Ortschronist Benzingerode)

und natürlich bei meiner Frau Melanie.

Vorwort

Dieser Stadtrundgang richtet sich besonders an politisch und historisch Interessierte. Er dauert, wenn man gemütlich geht, etwa elf Stunden und kann natürlich jederzeit unterbrochen oder abgekürzt werden. Naturgemäß müssen sich einige Informationen zu den im Rundgang benannten Orten doppeln, um die Hintergründe zu erklären. Zitiert wird in den für die jeweilige Zeit gültigen Rechtschreibungs- und Grammatikregeln.

Er beginnt verkehrsgünstig am Hauptbahnhof, den man auch mit dem eigenen PKW gut erreichen kann. Parkmöglichkeiten sind vorhanden. Er endet an der Haltestelle Wernigerode-Elmowerk. In einer kleinen Stadt wie Wernigerode ist von dort der Hauptbahnhof zu Fuß unkompliziert wieder zu erreichen. Aber es kann eben auch die Bahn genutzt werden.

Das bis Ende 1944 betriebene Außenlager des KZ Buchenwald und die dann als bewachtes Lager für Zwangsarbeiter genutzten Baracken sind als Ort der Nazi-Barbarei ebenso wenig Teil des Rundgangs, wie das dem KZ Mittelbau-Dora unterstellte Außenlager Steinerne Renne. Orte der Repression des DDR-Regimes, wie Dienststellen und Gefängnisse von Polizei, Justiz und Ministerium für Staatssicherheit wurden hier ebenso wenig einbezogen.

Die gewerkschaftlich organisierte Arbeiterbewegung und die Sozialdemokratie kann zumindest bis weit nach dem Zweiten Weltkrieg als Synonym begriffen werden: Die Partei verstand sich – oft genug in Personalunion – als der politische Arm der Gewerkschaft. Deshalb war der Wahlerfolg eines SPD-Mitglieds immer auch ein Wahlerfolg der Arbeiter- und Gewerkschaftsbewegung.

Ähnliches gilt für die Demokratiebewegung, die mit der Arbeiterbewegung einherging. Das Wahl- und das Mitbestimmungsrecht in den Betrieben, heute selbstverständliche Rechte und Freiheiten, wie die Versammlungsfreiheit, die Gleichberechtigung der Frau oder das Koalitionsrecht waren stets Themen der organisierten Arbeiterbewegung. »Mehr Demokratie wagen« wollte ein Bundeskanzler der SPD und in der DDR landeten viele von denjenigen, die speziell in den 1980er Jahren Bürger- und Menschenrechte in der DDR anmahnten und dafür vom Geheimdienst verfolgt wurden, noch im Revolutionsherbst 1989 in der neugegründeten Sozialdemokratischen Partei der DDR (SDP) oder bei den bürgerbewegten Gruppen, die sich später mit den Grünen vereinigten. Deshalb befinden sich auch Orte, in denen (Vor)Kämpfer und (Vor)Kämpferinnen der Arbeiter-

und Demokratiebewegung von Wernigerode lebten, in diesem Rundgang. Keine Erwähnung finden allerdings Wohnorte von noch lebenden Persönlichkeiten der Arbeiter- und Demokratiebewegung. Hingewiesen sei darauf, dass insbesondere die Protagonisten der Wernigeröder DDR-Menschen- und Bürgerrechtsbewegung sich selbst nicht als »Oppositionelle« sahen – auch wenn sie im Text als solche benannt werden, weil sie es letztlich in ihrer Wirkung dennoch waren.

Möglicherweise fällt auf, dass es kaum Orte im Rundgang gibt, die auf eine kommunistische Vergangenheit verweisen. Zum einen liegt dies daran, dass die hier erst 1921 gegründete KPD in der Wernigeröder Arbeiterbewegung relativ unbedeutend war – wie übrigens auch christliche und liberale Gewerkschaften und deren politische Vertretungen, wie das Zentrum oder die Deutsche Demokratische Partei (DDP) und ihre Vorläufer während der Kaiserzeit. Zum anderen darf nicht vergessen werden, dass es die Kommunisten waren, die freie Gewerkschaften – und damit die wichtigsten Interessenvertretungen der lohnabhängig Beschäftigten – ab 1945 verhinderten und die seit Mitte des 19. Jahrhunderts von der Arbeiterbewegung erkämpften Errungenschaften (wie das Streikrecht) in der DDR abschafften. Es stellt sich grundsätzlich die Frage, ob die kommunistische Bewegung und die Arbeiterbewegung überhaupt gleiche Ziele verfolgten.[1] Dies lässt sich auch an der Mitgliederstruktur von KPD und SPD in den 1920er Jahren nachvollziehen: Während die SPD politische Heimat vor allem der Facharbeiter, der Angestellten und Beamten des einfachen und mittleren Dienstes und der Handwerker war, war die KPD dort stark, wo es viele nur einfach gebildete in oft prekären Verhältnissen lebende Menschen gab, die als Ungelernte oder »einfache« Arbeiter ihren Lebensunterhalt verdienten oder arbeitslos waren.[2] Die SPD und die freien Gewerkschaften wurden zudem stets als Hauptfeind von der KPD betrachtet.

Dass Orte mit kommunistischer Vergangenheit nicht unter dem Begriff »Demokratiebewegung« subsumiert werden können, ist Geschichtsinteressierten ohnehin bekannt.

Letztlich: In der von einer kommunistischen Partei und ihren Satellitenparteien, wie z. B. CDU und LDPD, regierten DDR galt das Eintreten für Menschen- und Bürgerrechte als staatsgefährdend. Demokraten wurden mit den Mitteln des Strafgesetzes verfolgt. Ihre Geschichte(n) – und nicht die ihrer Verfolger – gilt es zu bewahren.

Inhalt

9

Der Rundgang beginnt am Hauptbahnhof Wernigerode.

Hauptbahnhof Wernigerode

Bahnhöfe gelten als Beginn- und/oder Endpunkt einer Reise. Und sie waren für die Infrastruktur neuralgische Punkte. Das bestätigt sich auch für Wernigerode. Errichtet wurde das Bahnhofsgebäude 1872. Im Jahr 1902 schloss sich eine Erweiterung an.[3]

Nach der auch in den Harz geschwappten Novemberrevolution soll Anfang 1919 ein Panzerzug auf dem Bahnhof Wernigerode stationiert worden sein, um eventuelle revolutionäre Bewegungen zu ersticken. Deshalb sei das Wernigeröder Gewerkschaftskartell zusammengetreten, um eine 12-Mann-Delegation zu bilden, die Verhandlungen mit dem Magistrat führen sollte, damit der Panzerzug Wernigerode wieder verlasse. Der Bürgermeister erklärte sich demnach als Leiter einer Verhandlungskommission bereit, mit der Besatzung des Panzerzuges zu verhandeln.[4]

Der Staatsbahnhof Anfang des 20. Jahrhunderts

Im Juli 1922 fand in Wernigerode die dritte Reichskonferenz des Verbandes der Arbeiterjugendvereine statt. Das »Wernigeröder Tageblatt« hieß bereits in seiner Ausgabe am 30.06.1922 die Jugendlichen auf der Titelseite »Willkommen in Wernigerode« und schrieb, dass auch »am Bahnhof die Reichsfarben und ein mächtiges Transparent die Delegierten der Arbeiterjugend, die aus ganz Deutschland heute herbeigeeilt ist«, begrüßen.

Weniger willkommen waren bestimmte Besucher der Stadt ein Jahr später: Im September 1923 wollten in ganz Deutschland faschistische Organisationen einen »Deutschen Tag« begehen – so auch in Wernigerode. Hier hatte die verbotene Mitteldeutsche Arbeiterpartei aufgerufen. Am vereinten Widerstand der Arbeiter von Wernigerode scheiterte diese Kundgebung. So riegelten hiesige Arbeiter alle Wege nach Wernigerode ab. Mitglieder der SPD, der KPD und der Gewerkschaften umstellten auch den Bahnhof und vereinigten sich dort mit den aus Ilsenburg gekommenen Arbeitern um in Zusammenarbeit mit der Polizei ankommende Nazis am Aussteigen zu hindern. Bereits anwesende auswärtige Teilnehmer der Veranstaltung wurden von der Polizei zum Bahnhof geleitet. In der Presse hieß es: »Damit waren die letzten der nach hier beorderten Hakenkreuzler aus Wernigerode wieder abgeschoben und die Stadt zeigte ihr gewohntes friedliches Bild.«

Das Elend des Zweiten Weltkrieges ging auch an Wernigerode nicht vorbei: 1945 zogen mehrere Todesmärsche mit entkräfteten Häftlingen aus evakuierten Konzentrationslagern auch durch Wernigerode. Am 09.04.1945 verließen die Stadt rund 1.130 Häftlinge der III. Baubrigade des KZ Mittelbau-Dora mit dem Zug, der sie in geschlossenen Güterwagen in Richtung Braunschweig bringen sollte, jedoch in der Nähe von Gardelegen landete.

Den Bahnhof durch den Fußgängertunnel auf Gleis 1 auf die Feldstraße verlassen, dort kurz nach rechts und dann gleich links in die Straße Am Lüttgegraben bis zu dessen Ende gehen. Hier beginnt die Straße An der Holtemme. Dort nach rechts wenden.

An der Holtemme 45

Hier lebte zuletzt **Otto Büchting**, der am 20. Mai 1868 geboren wurde und am 16. Juni 1951 starb (Bild aus den 1940er Jahren). Er machte sich als liberaler Politiker um die demokratische Entwicklung in Wernigerode in der ersten Hälfte des 20. Jahrhunderts verdient. Otto Büchting wurde als fünfter Sohn des Lohngerbereibesitzers Karl Büchting geboren. Er besuchte die Mittelschule, lernte zunächst den Beruf des Kaufmanns und dann den des Lohgerbers. Schon 1887 übernahm er den väterlichen Betrieb. Otto Büchting wurde erstmals 1903 in die Stadtverordnetenversammlung gewählt. Von

1908 bis 1933 war er zugleich Vorsitzender dieses Gremiums – laut den Angaben in seinem Lebenslauf[5]. Gemäß den glaubhaften Angaben in den Wernigeröder Adressbüchern erhielt er jedoch erst 1911 das Amt des Stadtverordnetenvorstehers.

Während der Zeit der Weimarer Republik war Büchting auch in den Provinziallandtag der preußischen Provinz Sachsen gewählt worden.

Unmittelbar nach dem Zweiten Weltkrieg gehörte Büchting zu jenen Politikern, die das Vertrauen der Besatzungsmächte erhielten und die schwere Aufgabe übernahmen, nach dem vollständigen Zusammenbruch in Wernigerode eine neue Verwaltungsinfrastruktur aufzubauen. Otto Büchting leitete den städtischen Schlachthof und später auch das Verkehrsamt. Büchting, in der Kaiserzeit Mitglied der Fortschrittlichen Volkspartei, die in der Weimarer Republik zur Deutschen Demokratischen Partei (DDP) wurde und dann als Deutsche Staatspartei firmierte, wurde mit der Gründung des Ortsverbandes der Liberaldemokratischen Partei (LDP) am 23.07.1945 deren Vorsitzender auf (zunächst) Stadt- und (dann) Kreisebene.

Stark schnitt die LDP, später LDPD, bei den noch relativ freien Wahlen zur Stadtverordnetenversammlung am 08.09.1946 ab: Die LDP bekam immerhin 13 Mandate und hätte (rechnerisch) mit der CDU, die acht Mandate bekam, einen SED-Bürgermeister verhindern können. Die SED erhielt nämlich nur 19 Sitze. Die CDU passte sich jedoch den Vorstellungen der SED an. Ein undatierter Zeitungsbericht[6] beschrieb die Wahl des Ersten Bürgermeisters in der ersten Stadtverordnetensitzung, die von Büchting als Alterspräsident am 08.10.1946 eröffnet wurde: »Die LDP versuchte in Opposition zu machen, als von der SED der Vorschlag kam, als ersten Bürgermeister den bewährten Genossen Max Otto wiederzuwählen. Hierauf brachte diese Fraktion es fertig, zu dem einzigen eingegangenen Vorschlag für den Posten des ersten Bürgermeisters weiße Zettel abzugeben. Genosse Otto wurde mit 18 Stimmen der SED und 8 Stimmen der CDU unter lebhaftem Beifall auch aus den Reihen der Zuhörer zum ersten Bürgermeister gewählt. Als hierauf bei der Wahl des zweiten Bürgermeisters die LDP Anspruch auf diesen Posten erhob, bekam sie die Quittung. Die SED-Fraktion stimmte geschlossen für den Kandidaten der CDU, den Dreher Josef Mause, der damit mit 26 Stimmen gegen 13 der LDP zum zweiten Bürgermeister von Wernigerode gewählt wurde.« Otto Büchting wurde zum unbesoldeten, also ehrenamtlichen Stadtrat ernannt, blieb aber auch Mitglied der Stadtverordnetenversammlung.

Einem Schreiben des Wernigeröder Landrates vom 24.12.1946 an den Minister des Innern des Landes Sachsen-Anhalt ist zu entnehmen, dass in der Stadtverordnetensitzung am 19.11.1946 der Beschluss gefasst wurde, Büchting »das Prädikat Stadtältester« zu verleihen. Dieser Beschluss wurde anlässlich Büchtings 80. Geburtstag 1948 umgesetzt.

Der Straße An der Holtemme weiter folgen, bis am Kreisverkehr die Schmatzfelder Straße erreicht wird. Hier nach rechts gehen.

Mitschurinstraße 15 – heute: Schmatzfelder Straße 15

Hier lebte zuletzt **Pauline Wilke**, die am 16. Juli 1874 geboren wurde und am 11. Juli 1960 starb (Bild aus dem Jahr 1946). Wilke war die erste Frau aus der Arbeiterbewegung in der Wernigeröder Stadtverordnetenversammlung. Die Sozialdemokratin war eine von 30 Mitgliedern des Gremiums, das am 23.02.1919 gewählt wurde. Für diese Wahl wurde abgesprochen, eine Einheitsliste mit jeweils 15 sozialdemokratischen und »bürgerlichen« Kandidaten zu bilden. Auch bei der Kommunalwahl 1924 wurde Pauline (»Paula«) Wilke als Stadtverordnete gewählt und blieb dies bis Ende 1926.

Sie war zudem die erste Frau im Wernigeröder Kreistag. Die Wernigeröder Stadtverordneten bestimmten für den Kreistag Ende April

1919 die Vertreter der Stadt (die jedoch nicht der Stadtverordnetenversammlung angehören mussten) analog der Sitzverteilung. Als ihr Beruf wurde zu diesem Zeitpunkt »Ehefrau« angegeben. Offenbar nahm sie jedoch eine Tätigkeit in der Wohlfahrtspflege an: Im Jahr 1922 wurde ihr vom Zweiten Bürgermeister von Wernigerode, →Hermann Paul Reichardt, in einer öffentlichen Versammlung »für ihr vorbildliches, selbstloses und unermüdliches Wirken in diesem schweren Dienst ein wohlverdientes und ehrenvolles Zeugnis« ausgestellt.

Nach dem Zweiten Weltkrieg übernahm Pauline Wilke erneut Verantwortung als 2. Vorsitzende der Frauenortsgruppe der SPD.[7] Auch bei der Planung der ersten Kreisleitung der aus der Zwangsvereinigung von SPD und KPD 1946 entstandenen SED fiel ihr Name als mögliche Beisitzerin.[8] Auf einer undatierten späteren Aufstellung[9] des SED-Kreisvorstandes findet sich ihr Name jedoch nicht.

> Der Schmatzfelder Straße weiter folgen.

Volksgarten, Schmatzfelder Straße 9a

Auf dem Grundstück der ehemaligen Schmelzerschen Sägemühle wurde 1893 der »Volksgarten« gebaut. Er war Eigentum der SPD – obwohl es einen SPD-Ortsverein erst ab 1900 gab. Er war nicht in gewerkschaftlichem Besitz. Dies verkündete die DDR-Geschichtsschreibung, um die Bedeutung der (Wernigeröder) Sozialdemokratie abzuschwächen und zu relativieren.

Den 1. Mai 1893 feierte man bereits im Rohbau und verband dies mit der Grundsteinlegung am Abend. In den Grundstein wurde ein Exemplar des »Vorwärts«, ein Exemplar der Maifeierzeitung, die Mai-Nummer des »Wahren Jacob«, ein Exemplar der Schrift »Die Zukunftsdebatten im Deutschen Reichstag«, und eine kurze von →Albert Bartels verfasste Abhandlung über die Entwicklung der Organisation der Arbeiter vor Ort gesteckt.

Das »Wernigeröder Tageblatt« schrieb im Juni 1893 zu einer Wahlkampfveranstaltung, die noch im Rohbau stattfand: »Herr Maler Bartels eröffnete die Versammlung und hieß die Erschienenen im neuen Lokal willkommen; er führte aus, daß den Sozialdemokraten seitens der hiesigen Lokalinhaber ein Saal zur Abhaltung von Versammlungen seit längerer Zeit verweigert worden sei; hierdurch sei man veranlaßt worden, ein Grundstück zu erwerben und auf diesem das eigene Versammlungslokal zu erbauen (...).«

Der »Volksgarten« wohl Anfang des 20. Jahrhunderts

Am 20.08.1893 wurde der »Volksgarten« eingeweiht. Er war zugleich das erste der sogenannten »Volkshäuser« oder »Volksparks« der europäischen Sozialdemokratie. Der Saal fasste 300, der Garten mehr als 1.000 Personen. Die Verwaltung des Wirtschaftsbetriebs lag in der Hand eines gebildeten Vereins, des »Verein Arbeitercasino Wernigerode a. H.«. Bei seiner Gründung zählte der Verein 117 Mitglieder. Im »Volksgarten« hatten auch die sozialdemokratischen Umfeldorganisationen, wie der 1894 gegründete Arbeiterturnverein »Vorwärts«, und die gewerkschaftlichen Vertretungen ihren Sitz.

In Gewerbeakten findet man verzeichnet, dass 1906 genehmigt wurde, im »Volksgarten« eine Schankwirtschaft mit Ausschluss des Verkaufs von Brandwein bei Veranstaltungen zu betreiben. 1908 erfolgte ein Um- und Erweiterungsbau.[10]

Letzte Höhepunkte des politischen Lebens im »Volkgarten« waren die Koordinierung des Generalstreiks gegen den Kapp-Putsch im März 1920 und die erste Versammlung nach der Wiedervereinigung der in Wernigerode 1919 gegründeten USPD mit der SPD im Januar 1921 – also über ein Jahr, bevor sich beide Parteien auf dem Nürnberger Parteitag im September 1922 offiziell wieder zusammenschlossen. Diese Zusammenkunft am 18.01.1921 war zugleich die letzte Versammlung im bereits verkauften »Volksgarten«.

Der neue Eigentümer des Grundstücks nahm 1923 die Fabrikation und den Vertrieb von Drahtstiften und Nägeln auf. 1931 verkaufte er die Firma, die nun als Maschinenfabrik »Phönix« weitergeführt wurde. Der neue Besitzer ließ eine Zufahrt von der Schmatzfelder Straße errichten. Damit änderte sich die Postanschrift von Feldstraße 55 nun in Schmatzfelder Straße 9a. Anfang 1935 wurde die Fabrik erneut verkauft. 1950 wurde die Schmatzfelder Straße in Mitschurinstraße umbenannt. In dieser Zeit wurden auf dem Grundstück Nr. 9a die VE Kommunale Dienstleistungsbetriebe Wernigerode/Harz, die spätere Stadtwirtschaft, untergebracht.[11] Heute wird der »Volksgarten« von seinem Eigentümer als Lagerhalle genutzt.

> Die Schmatzfelder Straße unter der Eisenbahnbrücke hindurch auf der rechten Seite bis zur Kreuzung mit der Schreiberstraße gehen.

Schmatzfelder Straße 38

Hier lebte zuletzt **Karl Kaiser**, der am 29. November 1877 geboren wurde und am 1. März 1941 starb. Kaiser war der erste Kreisdeputierte der SPD, berufen nach der Kreistagswahl am 29.04.1919. Er blieb dies bis zur Kommunalwahl 1929. Bei Kreisdeputierten handelte es sich um ehrenamtliche Stellvertreter des Landrates.

Leider existieren zu Kaiser nur wenig Informationen: Der »Maurer Karl Kaiser«, wohnhaft Hinterstraße 9, war im Jahr 1903 der Vorsitzende des Wernigeröder Gewerkschaftskartells, nachdem er im Gründungsjahr des Kartells, 1901, zunächst als Kassierer fungierte.

Im Wernigeröder Adressbuch von 1914 gibt es einen »Buffettier Karl Kaiser«, welcher in der Schmatzfelder Straße 14a wohnte. 1919 wurde »Karl Kaiser, Maurerpolier«, wohnhaft Schmatzfelder Straße 12, ehrenamtlicher Stadtrat in Wernigerode. Bei der Kreistagswahl 1921 wurde »Karl Kaiser, Stadtrat«, (wieder) in den Kreistag gewählt. Im Adressbuch von 1922 wird zugleich benannt, dass er Kreisdeputierter ist. Sein Beruf wird mit Maurerpolier bzw. Gastwirt angegeben. Nach der Kreistagswahl 1925 wird »Karl Kaiser, Bauunternehmer«, wohnhaft Schmatzfelder Straße 12, erneut Kreisdeputierter, war jedoch nicht in den Kreistag gewählt worden.

In die Schreiberstraße rechts (an der Gaststätte vorbei) hinein bis zur nächsten Kreuzung gehen. Dort nach links wenden.

Landratsamt, Rudolf-Breitscheid-Straße 10

Am 01.10.1876 wurde durch die neue preußische Kreisordnung die gräfliche Regierung in Wernigerode aufgehoben. Die Obliegenheiten des gräflichen Oberbeamten gingen auf den Landrat über. Aber erst 1891 erfolgte der Bau einer eigenen Kreisverwaltung und Sitz des Kreistages.[12]

Das Landratsamt im Jahr 1910 bei einer Feuerwehrübung

Ende 1915 wurde mit →Albert Bartels der erste Sozialdemokrat von der Wernigeröder Stadtverordnetenversammlung als Kreistagsabgeordneter bestimmt. Am 01.01.1916 trat er das Amt an. Die Kreistagsabgeordneten der Städte wurden zu jener Zeit nicht von der Bevölkerung, sondern von der Stadtverordnetenversammlung gewählt.

Am 09.11.1918 zog während der Novemberrevolution eine Demonstration zum Landratsamt zu Landrat Erich von Stosch (1877-1946), der seit 1912 im Amt war und es bis 1945 bleiben sollte. Vertreter der Demonstranten verhandelten mit dem Landrat über die prekäre Versorgungslage und brachten den Wunsch nach Frieden zum Ausdruck. Auf dem Landratsamt (und auf dem →Rathaus) wehten »vom 11. d. Mts. ab, die rote Fahne 8 Tage lang«, wie es in einem Protokoll vom 10.11.1918 festgelegt wurde.

1919 fanden erstmals Kommunalwahlen, die nicht im Drei-Klassen-Wahlrecht durchgeführt wurden, statt. Im Kreistag waren anschließend zwölf Vertreter der SPD und 14 »Bürgerliche«. Die Kreistagsmitglieder aus den Städten wurden allerdings nach wie vor von den Stadtverordneten bestimmt. Mit dem Wernigeröder →Karl Kaiser wurde erstmals ein Sozialdemokrat Kreisdeputierter (ein ehrenamtlicher Stellvertreter des Landrates) und mit der Wernigeröderin →Pauline Wilke wurde erstmals eine Frau – und Sozialdemokratin – Mitglied des Kreistages. Erst 1921 konnten auch die städtischen Bevölkerungen ihre Vertreter direkt wählen. Die nun 21 Sitze des ersten demokratisch gewählten Kreistages verteilten sich wie folgt: Die SPD errang neun Sitze, ebenso neun Sitze erhielt der konservative Bürgerblock. Zwei Sitze bekam die DDP, ein Sitz ging an die KPD.

Nach Ende des Zweiten Weltkrieges wurde im April 1945 von der amerikanischen Besatzungsmacht als Landrat →Paul Eichfeld (SPD) eingesetzt, der bis zum 31.08.1945 in diesem Amt blieb, dann amtierte kurz der Bürgermeister von Wernigerode →Max Otto (SPD), ehe →Hermann Paul Reichardt (SPD) im September 1945 von der sowjetischen Besatzungsmacht eingesetzt und 1947 dann durch seinen Stellvertreter Wilhelm Falkenbach (1904-k.A., vormals KPD) abgelöst wurde. Strukturiert wurde die Kreisebene erst unter sowjetischer Besatzung. Von neun Amtsleitern (inklusive des stellvertretenden Landrats) waren zunächst sechs, dann sieben ehemalige Kommunisten. Obwohl die KPD-Mitglieder im Kreis in der Minderheit waren (es gab im Mai 1946 6.622 ehemalige SPD-Mitglieder und 2.675 ehemalige KPD-Mitglieder; für die Stadt Wernigerode war das Verhältnis noch klarer: 2.528 frühere SPD-Mitglieder und 555 frühere KPD-Mitglieder)[13], übernahmen die Kommunisten mit Hilfe der sowjetischen Besatzungsmacht die Schlüsselpositionen in der Verwaltung. Erst ab 1990 konnte die Verwaltung und mit der Wahl vom 06.05.1990 auch der Kreistag wieder demokratisiert werden.

> Vor dem Landratsamt nach rechts die Rudolf-Breitscheidt-Straße entlang bis zum Kreisverkehr, dort in die Minslebener Straße nach links biegen und dem Straßenverlauf folgen.

Minslebener Straße 50

Hier lebte zuletzt **Friedrich Kuring**, der am 08. Juli 1881 geboren wurde und am 12. Juni 1953 starb (Bild aus dem Jahr 1946). Kuring

gehörte in der Nazi-Zeit zu einer deutschlandweit agierenden Widerstandsgruppe um frühere Metallgewerkschafter.

Vom Oberlandesgericht Dresden wurde er am 23.02.1937 zu zweieinhalb Jahren Zuchthaus und einem zweijährigen Ehrverlust verurteilt.

Kuring wurde 1929 bei den letzten freien Kommunalwahlen einer von elf Stadtverordneten der SPD, die zur stärksten Partei gewählt wurde. Friedrich Kuring arbeitete bis 1933 als hiesiger Geschäftsführer des Deutschen Metallarbeiterverbandes (DMV). Nachdem 1933 von den Nazis die Gewerkschaften verboten worden waren, verlor auch Kuring seine Stellung. Er gehörte zu jenen 81 Sozialdemokraten aus Wernigerode und dem Kreisgebiet, die am 24.06.1933 quer durch die Stadt in einem sogenannten »Schandmarsch« zur →»SA-Führerschule« getrieben und dort schwer misshandelt wurden.

Im Jahr 1934 wurde Friedrich Kuring mehrfach vom früheren DMV-Bezirksleiter Willy Rößler (1884-1959) kontaktiert. Er erhielt auch mehrere Nummern der verbotenen Zeitung »Sozialistische Aktion«. Mit weiteren Gewerkschaftern wurde versucht, informelle Kontakte zu knüpfen. Am 13.01.1936 wurde Kuring von einem Chemnitzer Polizeibeamten, der sich als Kollege des DMV ausgab, verraten.[14] Erstaunlich ist, dass sich die Anklageschrift der NS-Justiz dabei nicht auf eine gewerkschaftliche, sondern auf eine sozialdemokratische Widerstandsgruppe bezieht. Die Gnadengesuche seiner kranken Ehefrau und seines Sohnes wurden »trotz der ungünstigen familiären und wirtschaftlichen Verhältnisse und des vorgerückten Alters« Kurings abgelehnt, weil er »an seinem Wohnort nach einem Polizeibericht vom 15.X.1937 ... als hartnäckiger Staatsfeind« galt.[15]

Am 04.04.1944 wurde Friedrich Kuring erneut verhaftet unter dem Vorwurf der »Wehrkraftzersetzung«. Am 13.05.1944 wurde er per »Einzeltransport« in Untersuchungshaft nach Berlin-Moabit überstellt. Am 06.12.1944 wurde Kuring vom »Volksgerichtshof« wegen »Wehrkraftzersetzung« zu fünf Jahren Zuchthaus verurteilt. Am 04.01.1945 lieferte man ihn in das Zuchthaus Brandenburg ein.

Nach Ende des Zweiten Weltkriegs kümmerte sich Kuring gemeinsam mit Karl Jonas (1889-1969), Friedrich Müller (1888-1957, beide SPD) und August Willecke (1887-1946, KPD) um den Neuaufbau der Gewerkschaften in Wernigerode.[16] Nach der Zwangsvereinigung von SPD und KPD zur SED arbeitete Kuring im Kreisvorstand der Partei, der bereits kurze Zeit später von den (früheren) KPD-Leuten dominiert wurde (15 ehemalige Kommunisten, 13 frühere Sozialdemokraten). 1946 wurde Kuring auch Stadtverordneter im Wernigeröder →Rathaus.

Etwa zwei Jahre vor seinem Tod wurde Friedrich Kuring am 09.07.1951 als Nachrücker der VVN-Fraktion (Vereinigung der Verfolgten des Naziregimes) im Kreistag vorgeschlagen und gewählt. Es ist nicht überliefert, ob Kuring 1953 als früherer Sozialdemokrat »in Ungnade« fiel. In einer Akte findet sich jedoch die (drastisch klingende) Formulierung, dass »der ehemalige FDGB-Kreisvorsitzende aus dem Kreistag entlassen«[17] wurde. Dabei kann es sich nur um Kuring handeln. In einer weiteren Akte findet sich allerdings ein Hinweis auf sein hohes Alter.[18] Kuring starb tatsächlich kurze Zeit später. Gleichwohl könnte der Hinweis auf sein Alter aber auch nur ein vorgeschobener Grund sein, schließlich spielte so etwas in kommunistischen Kaderparteien (für Kommunisten) nie eine Rolle.

> Der Minslebener Straße weiter folgen bis zur Kreuzung mit der Ernst-Pörner-Straße. Dort nach rechts und an der nächsten Kreuzung wieder rechts gehen. Hinter dem Sportplatz links auf den Weg Richtung Fußgängerbrücke abbiegen. Hinter der Fußgängerbrücke vor dem Supermarkt nach rechts wenden. Am Neubaublock vorbeigehen.

Halberstädter Straße 20

Hier lebte zuletzt **Karl Husung**, der am 2. Oktober 1868 geboren wurde und am 28. April 1951 starb (Bild aus dem Jahr 1925). Von Beruf war er Zigarrenmacher. Karl Husung war am 11.11.1900 Gründungsmitglied des SPD-Ortsvereins und von 1901 bis etwa 1903 erster Vorsitzender des Wernigeröder Gewerkschaftskartells.[19]

Die erste gewerkschaftliche Organisation in Wernigerode war der am 01.03.1869 gegründete Maurerfachverein. Die später existierenden 14 Gewerkschaften mit ihren 600 Mitgliedern schlossen sich am 14.12.1901 zu einem Gewerkschaftskartell zusammen. Im Statut hieß

es als Ziel, »die lokalen Interessen der im Kartell angeschlossenen Gewerkschaftsorganisationen zu fördern und zu vertreten. Jede organisierte Gewerkschaft in Wernigerode und Umgebung kann sich dem Kartell anschließen und entsendet für je 50 Mitglieder einen Kartelldelegierten. Als Beitrag sind von jeder Gewerkschaft je Mitglied und Monat 10 Pfennig zu entrichten.«

Wie eng die Sozialdemokratie und die Gewerkschaft in Wernigerode miteinander verwoben waren, verdeutlicht die Tatsache, dass von den 27 Gründungsmitgliedern des SPD-Ortsvereins ein Viertel das Kartell mitgründete.

Im Juli 1908 wie auch im Juli 1909 beantragte Husung bei der Polizeibehörde einen »Umzug« vom Lokal →»Fürst Bismarck« in Hasserode zum →»Volksgarten«. Offenbar war er zu jenem Zeitpunkt (unter Umständen bis 1910, als →Heinrich Bopp erstmals nachweisbar verantwortlich zeichnete) erneut Vorsitzender des Kartells.

Etwa 1920 wurde Karl Husung wieder für etwa zwei Jahre Vorsitzender des in »Ortsausschuss der Gewerkschaften« umbenannten Gremiums. Mit der »Machtergreifung« der Nazis endete die Möglichkeit der Gewerkschaften, für Arbeitnehmerrechte zu kämpfen.

Dies war – für kurze Zeit – erst wieder nach dem Zweiten Weltkrieg möglich. Der frühere Sozialdemokrat und ehemalige Vorsitzende des Ortsausschusses der Gewerkschaften, Karl Jonas (1889-1969), schrieb[20]: »Nach dem furchtbaren Zusammenbruch im Jahr 1945 fanden sich Männer von der KPD und SPD und gründeten ihre politischen Parteien wieder. In diesen beiden Parteien wurde der Beschluß gefaßt, auch die Gewerkschaftsbewegung ins Leben zu rufen, um die wirtschaftlichen Belange der Arbeiterklasse zu sichern. In den zwanziger Jahren habe ich lange Jahre in dem damaligen Gewerkschafts-Kartell den Vorsitz geführt, und ich bekam 1945 von beiden Parteien KPD und SPD die Aufgabe, die einzelnen Berufsgewerkschaften zu gründen. Meine erste Aufgabe war, ich beschlagnahmte im Gewerkschaftshaus von dem Ökonom Herrn Struckmeyer 3 Zimmer, suchte mir einige gute Kollegen von früher und fuhr mit einem Pferdewagen zum damaligen Braunen Haus in der Burgstraße (jetzt RKI – R. M.) welches der Hauptsitz der Nazis war, und holte das für uns nötige Büromaterial, wie Schreibmaschine, Schränke, Gardinen, Tische, Stühle und sonstiges weg. Eine Schreibmaschine wurde im damaligen Kurhaus jetzt Stadtgarten für uns beschlagnahmt. Als die sogenannten Vorarbeiten erledigt waren, gingen wir daran, (...) die einzelnen Gewerkschaften zu gründen. Als erste wurde eine Steinarbeiter-Versammlung einberufen, in der sofort eine Steinarbeiter-Gewerkschaft gegründet wurde. Als nächste wurde in den Sägemühlen ein Holzarbeiter-Verband gegründet in dem sich Tischler, Zimmerleute und verwandte Berufe zusammenschlossen. In den folgenden Wochen wurde der große Metallarbeiter-Verband gegründet (...). Kaufmännische Angestellte und die Kollegen in den Büros schlossen sich ebenfalls zu einer Gewerkschaft zusammen. In den Schulen wurde auch ein freiheitlicher Gedanke wach und in einer gut besuchten Versammlung gründete man eine Lehrer-Gewerkschaft. Die Kollegen vom Bau schlossen sich zu einem großen Bauarbeiter-Verband zusammen. Mit der aufsteigenden Industrie bildeten sich die Industriegewerkschaften (...).«

Doch schon bald wurden die Gewerkschaften wieder ihrer Rechte beraubt. Unterworfen der Parteidisziplin in der SED konnten und durften sie die Arbeitnehmerrechte nicht mehr wahrnehmen. »Nur-Gewerkschaftlertum« galt als eine sozialdemokratisch-reaktionäre Haltung und wurde bekämpft. Erst nach der Revolution im Herbst 1989 konnten wieder freie Gewerkschaften gebildet werden.

> Der Halberstädter Straße weiter folgen bis zum Kreisverkehr. Hinter der Gastronomie beginnt die Lindenallee. Dort links bergan gehen und nicht abbiegen, bis ein weiterer Kreisverkehr erreicht ist, in dessen Mitte sich ein hoher Gedenkstein mit einer Adlerfigur befindet. Hier nach rechts wenden.

Erste SDP-Geschäftsstelle, Lindenallee 27

Das heutige Hotel »Erbprinzenpalais« begann seine Geschichte als 1893 im Auftrag von Fürst Otto zu Stolberg-Wernigerode (1837-1896) für dessen Kammerpräsidenten vom Berliner Architekten Hans Grisebach (1848-1904) errichtetes Gebäude. 1929 bezog Erbprinz Botho zu Stolberg-Wernigerode (1893-1989) das Haus, das daraufhin den Namen Erbprinzenpalais bzw. -villa erhielt. Im Mai 1945 beschlagnahmten die amerikanischen Besatzungstruppen und nach deren Abzug die sowjetische Militärregierung das Gebäude, sämtliche Bewohner mussten das Haus verlassen. Im September 1945 wurde das Grundstück im Zuge der Bodenreform enteignet. Bis Mai 1957 als Kommandantur der sowjetischen Besatzungsmacht genutzt, wurde anschließend hier die SED-Kreisleitung untergebracht.[21]

Demonstranten am 4. November 1989 vor der SED-Kreisleitung

Am 04.11.1989 fand in Wernigerode eine große (ungenehmigte) Demonstration statt. Die etwa 5.000 Teilnehmerinnen und Teilnehmer liefen auch an der Kreisleitung der SED vorbei und riefen dort laut Berichten der Volkspolizei[22] u. a.: »Wir wollen mehr Demokratie, wir sind das Volk!«. Auf Plakaten stand: »Die Natur braucht uns nicht, aber wir brauchen die Natur«, »Neues Forum als Opposition«, »Die Partei hat das Vertrauen des Volkes verspielt und damit den Führungsanspruch verloren«, »Freie Wahlen«, »Ohne Passierschein zum Feuerstein«, »Demokratie wird erlebbar gemacht und durchgesetzt«, »Wir fordern freie Wahlen – mehr Demokratie«.

Bereits kurz nach der Gründung der »DDR-SPD«, der SDP, in Schwante am 07.10.1989 kam es auch in Wernigerode zu ersten Aktivitäten hinsichtlich einer Parteigründung. Ein erstes Gespräch mit etwa einem Dutzend Bürger fand am 13.11.1989 in der ehemaligen Suptur des Kirchenkreises Wernigerode statt. Schließlich bildete sich eine Initiativgruppe um Siegfried Siegel (selbst bereits Mitglied der SDP), die während des Novembers und Dezembers die Parteigründung vorbereitete und gleichzeitig die SDP an den Runden Tischen der Stadt und des Landkreises vertrat. Jedoch erst am 02.01.1990 war es dann soweit – die Sozialdemokraten Wernigerodes schlossen sich nach fast 44 Jahren wieder offiziell und legal zu einer Organisation zusammen. Erster Vorsitzender wurde Siegfried Siegel. Das Büro befand sich zunächst im Gebäude der (nun) ehemaligen SED-Kreisleitung, wo auch die (Wieder)Gründung des SDP-Ortsvereins erfolgte. In einer Pressemitteilung hieß es: »Leider verfügt die SDP Wernigerode noch nicht über einen eigenen Telefonanschluß und ist bis auf weiteres unter der Sammelnummer der SED-PDS 36351 zu erreichen.«

Ein knappes Jahr hatten die Sozialdemokraten im Haupthaus ihr Büro, bevor sie kurzzeitig in eine heute nicht mehr existierende Baracke (heute befindet sich dort ein Gästehaus) auf dem Gelände umzogen.

Zu Beginn der 1990er Jahre wurde das frühere Erbprinzenpalais dann als Arbeitsamt und seit 1997 als Hotel genutzt.

> Die Lindenallee weiter in Laufrichtung gehen. An der Kreuzung Burgberg / Lindenallee / Walther-Rathenau-Straße der schmalen Straße bergab rechts an den Kastanienbäumen und der Stadtmauer vorbei folgen. An der ersten Kreuzung links halten, bis die Burgstraße erreicht ist.

Liebfrauenkirche

Die Liebfrauenkirche wurde 1230 erstmals urkundlich erwähnt. Bis 1762 wurde die Liebfrauenkirche nach der völligen Zerstörung durch einen großen Stadtbrand (1751) wieder aufgebaut.[23] Im »Wendeherbst« 1989 spielte diese Kirche auch eine Rolle.

Wie die Staatsmacht polizeilich versuchte, auf das Neue Forum, für das am 18. September in der →»Kontaktlinse« erstmals Unterschriften gesammelt wurde, zu reagieren, geht aus folgenden Berichten[24] hervor: »In der Nacht vom 19. zum 20.10.89 wurde durch schriftliche Aushaenge der Angehoerigen des Neuen Forums bekannt, dass diese eine Zusammenkunft in der Liebfrauenkirche

Wernigerode fuer den 25.10.89 ankuendigten und zur Teilnahme aufriefen. Im Zusammenwirken mit allen staatlichen Organen und der Kreisleitung der SED wurde den Initiativen des Neuen Forums entgegengewirkt. (…) In der Nacht vom 22. zum 23.10.89 wurde festgestellt, dass im Stadtgebiet von Wernigerode (…) ein Aufruf der Vertreter des Neuen Forums zu einer Veranstaltung in der Liebfrauenkirche veroeffentlicht wurde. Darin wird aufgerufen, bereits am Dienstag den 24.10.89 2000 Uhr diese Veranstaltung zu besuchen. (…) Am 24.10.89 erfolgt der Dienst im gesamten Bestand des VPKA bis zur Beendigung der Veranstaltung in der Liebfrauenkirche. Ich bitte um zusaetzliche Unterstellung von 2 Zuegen der VP-Bereitschaft. (…) Am 24.10.89 in der Zeit von 20.00 Uhr bis 22.00 Uhr fanden Veranstaltungen in der Liebfrauenkirche Burgstraße Wernigerode, sowie in der Silvestriekirche Oberpfarrkirchhof Wernigerode des sogenannten Neuen Forums (…) statt.

Die Liebfrauenkirche im Jahr 1942

Da die Liebfrauenkirche mit ca. 1100 Personen voll besetzt war, wurden ca. 200 Personen zu einer Parallelveranstaltung in die Silvestrykirche verwiesen. In der Liebfrauenkirche wurde ein neu ueberarbeitetes Gruendungspapier verlesen, indem der Sozialismus neu aufgenommen wurde, der erhalten werden soll, aber trotzdem platz

fuer Erneuerungen geschaffen werden soll. (…) Es wurden Arbeitsgruppen des Neuen Forums gebildet. (…) Im Rahmen der Vorstel-
lung der Interessengruppen rief die Interessensprecherin Cristina
Schulz (…) zum Marsch mit Kerzen zum Marktplatz Wernigerode
auf, um sich dort mit den Teilnehmern aus der Silvestrykirche zu
treffen. (…) 21.45 Uhr waren die Veranstaltungen in beiden Kirchen
beendet. Es formierte sich ein Marschblock an der Liebfrauenkirche
sowie lose Gruppen, die sich (…) zum Markt begaben. (…) Dabei
wurden ca. 50 Kerzen entzuendet. (…) Ca. 300-400 Personen kamen
auf dem Marktplatz an (…) Lieder aus der Buergerrechtsbewegung
der USA, in englischer Sprache, singend (…). Insgesamt befanden
sich ca. 500 Personen auf dem Marktplatz. Es wurden keine Transparente mitgefuehrt und es gab keine Sprechchoere. Auf dem Markt
wurde eine Schweigeminute abgehalten und ein Teil der Kerzen auf
der Rathaustreppe abgestellt.«

Nach der Entmachtung Erich Honeckers (1912-1994) sahen sich
auch die hiesigen Funktionäre gezwungen, auf die Dialogvorschläge
des Neuen Forum einzugehen. So kam es dann auch zu einer »Einladung« in das damalige →Kreiskulturhaus seitens des Rates des
Kreises und zu einer weiteren, gleichzeitig stattfindenden Veranstaltung durch den Rat der Stadt im →Rathaus am 25. Oktober. Da
hunderte Interessierte nicht im Saal des →Kreiskulturhauses Platz
fanden, erklärte sich Pfarrer Klaus Schäfer bereit, für die Diskussion
die Liebfrauenkirche zu öffnen. Vor dem Altar sitzend hatten dann
die sich stets besonders atheistisch gebenden Funktionäre der SED-
Kreisleitung und des Rates des Kreises Gelegenheit, mit der Bevölkerung in die Diskussion zu treten. Dies war zugleich ein Höhepunkt
der basisdemokratischen Revolution in Wernigerode.

Der Burgstraße rechts Richtung Fußgängerzone auf der linken
Seite folgen.

Burgstraße 30

Hier lebte bis zu seiner Flucht aus der DDR **Richard Bartels** (Bild
aus dem Jahr 1946). Er wurde am 24. Februar 1896 in Dortmund
geboren und lebte dort bis 1903. Sein Vater war der Bruder von
→Albert Bartels. Von 1903 bis 1910 ging Richard Bartels in die
Knaben-Mittelschule in Wernigerode, danach war er bis 1914 Lehr-
ling im Malergeschäft seines Onkels Albert. Von April 1914 bis

Oktober 1915 hatte er eine Stellung als Gehilfe in Magdeburg, Dortmund und Frankfurt am Main. Von 1915 bis 1918 musste Bartels in den Krieg, in dem er dreimal verwundet wurde. Von 1919 bis 1924 war er als Lackierer und Maler in der Waggon- und Wagenbau AG Wernigerode beschäftigt und dort Betriebsratsmitglied, später Vorsitzender des Betriebsrates. In den Jahren 1923 und 1924 war er Bevollmächtigter des Deutschen Metallarbeiterverbandes.

Seit 1924 arbeitete er dann im eigenen Malergeschäft. 1925 legte er seine Meisterprüfung ab. Bartels war seit 1910 Mitglied der Sozialistischen Arbeiterjugend (SAJ), trat dann der SPD bei und war etwa ab 1925 bis etwa 1926 und vermutlich noch einmal 1932 bis 1933 SPD-Vorsitzender. In der Zeit von 1924 bis 1929 sowie 1929 bis 1930 und für kurze Zeit 1933 war Bartels Stadtverordneter, von 1930 bis 1933 unbesoldeter Stadtrat.

Nach der »Machtergreifung« der Nazis wurden 81 führende Sozialdemokraten von der SA am 24.06.1933 in einem sogenannten »Schandmarsch« durch die Stadt in die →»SA-Führerschule« getrieben und dort schwer misshandelt. Voran gehen musste Bartels mit einem Schild, auf dem »SPD-Lumpen Wernigerode« geschrieben stand. Nach dem fehlgeschlagenen Attentat auf Hitler (1889-1945) am 20.07.1944 wurde Richard Bartels erneut verhaftet und kam in die Außenstelle Magdeburg des KZ Sachsenhausen.

Nach Ende des Zweiten Weltkrieges wurde Bartels wieder SPD-Vorsitzender von Wernigerode, Stadtrat und Mitglied im Kreisvorstand der Sozialdemokraten. Infolge der Zwangsvereinigung mit der KPD wurde er SED-Mitglied und gleichberechtigter Co-Vorsitzender des SED-Ortsvereins, sowie Mitglied im Kreisvorstand der SED. Zwar beugte sich Bartels zunächst den Verhältnissen, geriet jedoch als Kritiker der Zwangsvereinigung noch im SED-Gründungsjahr 1946 ins Schussfeld der früheren Kommunisten. 1948 erfolgte der Ausschluss aus der Partei mit der Begründung, dass er ein »Schumacher-Agent« sei. Richard Bartels wurde wie 1933 als Stadtrat abgesetzt und Ende 1948 für zwei Monate verhaftet. Die zweite Verhaftung erfolgte im Sommer 1950 für etwa vierzehn Tage, beide Male durch den sowjetischen Geheimdienst. Am 17.07.1950 wurde er vor einer erneuten Verhaftung gewarnt. Daraufhin floh er spontan nach Westberlin. Seine Frau Anna (1902-1988) folgte ihm später. Von dort ging er nach Bremen, um Ende 1951 eine Anstellung bei der Firma Merck in Darmstadt, wo er auch gewerkschaftlich aktiv war, zu erhalten. Er blieb SPD-Mitglied.

War das politische Engagement Bartels' schon voller Dramen, so war seine Familiengeschichte noch tragischer: Kurz vor Kriegsende verlor die 1923 geborene (einzige) Tochter Gisela, seit 1944 verheiratete Strack, ihr einziges Kind, den einen Monat alten Sohn Klaus-Michael, der am 04.04.1945 in Wernigerode an Diphterie starb. Es kam noch schlimmer: Gisela, die eigentlich mit ihrem Ehemann in Kleinmachnow wohnte, wurde eine Woche später, während des letzten, kurzen Artillerie-Beschusses durch die in Wernigerode einrückende amerikanische Armee bei der Detonation einer Granate im Hof des Hauses Bartels am 11.04.1945 getötet. Bartels' Schwester Martha Hedwig verstarb schon 1900 im Alter von knapp drei Jahren. Zum 1900 geborenen Bruder Albert Walther finden sich in den Archiven keine Angaben. Der Tod seiner 1894 geborenen Schwester Antonie Karoline Friederieke wurde 1931 von der Polizei angezeigt: Sie wurde im Dortmunder Stadthafen tot aufgefunden. Schwester Karoline Emma Dorothea, 1901 geboren, starb kinderlos als verwitwete Kindt 1971 in Wernigerode – ihr Ehemann blieb im Zweiten Weltkrieg vermisst.

Jedoch: Richard Bartels' große Liebe, seine 1923 geheiratete Frau Anna, genannt Anni, geborene Schrader, begleitete ihn über 55 Jahre lang bis zu seinem Tod. Richard Bartels starb am 10. Mai 1979 in Darmstadt.

> Die Burgstraße weiter entlang gehen und an der Einmündung zur Steingrube die Straßenseite wechseln.

Burgstraße 9

Hier lebte zuletzt **Albert Bartels**, der am 15. März 1853 in Hadmersleben geboren wurde und am 10. Oktober 1916 starb (Bild undatiert). Bartels gilt als der Urvater der Wernigeröder Arbeiterbewegung. Er wuchs in Magdeburg mit einem Bruder und zwei Schwestern auf. Im sechsten Lebensjahr starben Eltern und Schwestern an

der Cholera. Nach einem Aufenthalt in einem Heim kam er zu seinem Onkel und dessen Frau, sein Bruder kam in eine andere Familie, beide sollten sich erst viel später wiedersehen. Bartels lernte das Malerhandwerk und ging dann auf Wanderzeit, die ihn auch in die großen Städte führte. Dort hatte er, wie schon in der Lehre, Kontakt zu sozialen und sozialistischen Ideen. In einem Regiment in Fulda leistete er seinen Militärdienst ab. Zurück in Magdeburg engagierte er sich für die neuen Ideen.

Im Frühjahr 1882 verzog Albert Bartels nach Wernigerode. Ein Jahr später heiratete er seine Frau Lina, geborene Kaufmann (1857-1934), und gründete einen eigenen Malerbetrieb. Von Anfang an war Albert Bartels in der Wernigeröder Arbeiterbewegung aktiv. Mit dem Ende des »Sozialistengesetzes« 1890 war dies zumindest nicht mehr verboten. Schon 1891 leitete Bartels den wiedergegründeten »Wernigeröder Volksbildungsverein«.

Im Jahr 1893 war Bartels für seine politischen Gegner bereits ein Feindbild. Er sah sich gezwungen, per Zeitungsanzeige auf Gerüchte Stellung zu nehmen: »Von verschiedenen Seiten wird die unwahre Behauptung verbreitet, ich bezöge von der sozial-demokratischen Partei einen Gehalt von 50 Mk. monatlich. Ich erkläre dieses hiermit für eine gemeine Lüge, die von ehrlosen Lumpen erfunden ist, mich zu beleidigen und geschäftlich zu schädigen. Ich habe noch niemals einen Pfennig Gehalt von der sozial-demokratischen Partei bezogen, wohl aber derselben schon manchen Pfennig geopfert.«

Die Wernigeröder Sozialdemokratie beteiligte sich erstmals an den Stadtverordnetenwahlen im November 1897. In der nötigen Stichwahl am 29.11.1897 wurde Albert Bartels erster sozialdemokratischer Stadtverordneter und blieb dies bis zu seinem Tod. Als dann die hiesigen Sozialdemokraten am 11.11.1900 beschlossen, einen eigenständigen SPD-Ortsverein für Wernigerode zu gründen, übernahm Bartels die Leitung. Bei der Reichstagswahl im Juni 1903 trat Bartels als Kandidat für die SPD an. In der Stichwahl bekam er im Wernigeröder und im Hasseröder Wahlbereich 56% aller Stimmen. Trotzdem scheiterte er im Wahlkreis – genau wie vier Jahre später, als er ebenfalls für die SPD kandidierte.

Albert Bartels kam es weniger auf Ideologie, sondern auf praktische Hilfe für die Menschen an. In einer Parteiversammlung im November 1903 verlangte er, »daß als die Kandidaten für die Stadtverordnetenwahlen seitens der Arbeiter und der Partei nur Männer in Frage kommen könnten, die im Stande sind, nüchtern, kühl und sachlich alle Dinge zu betrachten, sich nur von sachlichsten Gesichtspunkten leiten zu lassen, weil es sich bei der Behandlung aller Fragen in der Gemeinde nicht um solche für eine bestimmte Klasse oder Interessengruppe, sondern um das allgemeine Wohl aller Bürger der Stadt und ihrer Fortentwicklung handelt«.

Bartels wurde am 30.11.1915 von der Stadtverordnetenversammlung bei Ergänzungswahlen zum Kreistag als Kreistagsmitglied bestimmt. Am 01.01.1916 wurde er dann der erste SPD-Kreistagsabgeordnete. Doch bereits zehn Monate später verstarb Bartels. 1923 erhielt am Gaswerk eine Straße (heute: Am Lüttgegraben) seinen Namen – bis die Nazis 1937 diese Widmung rückgängig machten. Die Geschichte hingegen konnten sie nicht stoppen: Nach dem Zweiten Weltkrieg wurde die vormalige Hindersinstraße nach Albert Bartels benannt. Sie führt bis heute in das Zentrum der Bunten Stadt.

> Die Burgstraße weiter entlang gehen bis die Breite Straße erreicht wird. Dort nach rechts wenden und dem Straßenverlauf folgen.

Druckerei »Wernigeröder Tageblatt«, Breite Straße 94

Wichtigstes Medium für die Arbeiterbewegung waren Zeitungen: Nach dem Erlass der Pressefreiheit in Preußen 1848 erschien in der Vorharzregion in mehreren Exemplaren: Das »Volksblatt« (aus Halberstadt) bis Ende 1849, der »Rote Hahn«, die »Bürger- und Bauernzeitung«, das »Recht auf Arbeit« (aus München), die »Süddeutsche Post«, die »Thüringer Waldpost«, das »Berliner Volksblatt« und die »Bremer Arbeiterzeitung«.

Der Halberstädter Hutmacher August Heine (1842-1919) war entscheidend für die hiesige sozialdemokratische Zeitungslandschaft: 1871 gab er als Anhänger der Fortschrittspartei die »Halberstädter Volkszeitung« heraus. Zunehmend unzufrieden mit der Fortschrittspartei wechselte er zur Sozialdemokratie und wurde später auch in den Reichstag gewählt. Ab Dezember 1876 erschien in Halberstadt bis zum Verbot durch das »Sozialistengesetz« die »Halberstädter Freie Presse«, deren Redakteur Heine war. Als die Zeitung über 1.500 Abonnenten hatte, weigerte sich der Druckereibesitzer, das Blatt weiter zu drucken. Es wurde dann vorübergehend in Bremen und Magdeburg hergestellt.

Der Komplex Breite Straße 94, links mit Schild »VEB Kleiderwerk«

Nicht nur während des »Sozialistengesetzes« las man den aus der Schweiz eingeschmuggelten »Vorwärts«.[25] Der Drang, wieder eine eigene sozialdemokratisch ausgerichtete Zeitung zu besitzen, erfüllte sich im Dezember 1882 mit der »Halberstädter Sonntagszeitung« (kleines Format), die August Heine verlegte und eine Auflage von 3.800 Exemplaren hatte, jedoch ihr Erscheinen am 30.03.1884 wieder einstellen musste. Heine selbst wurde wegen Pressevergehen zu sechs Monaten Haft verurteilt. Am 01.07.1890 erschien erstmalig die sozialdemokratische »Halberstädter Sonntagszeitung« (großes Format) – bis zum 29.12.1901. Vom 01.01.1898 bis 01.10.1900 wurde als sozialdemokratisches Blatt die »Halberstädter Arbeiterzeitung« verlegt. Bis 31.03.1898 erschien sie zweimal in der Woche, dann dreimal. Die »Halberstädter Volkszeitung« war Nachfolgerin der »Halberstädter Arbeiterzeitung« und verschmolz dann mit der »Magdeburger Volksstimme«, die vom 01.01.1902 bis 28.02.1919 offizielles Parteiorgan zumindest der Halberstädter SPD war, aber auch in

Wernigerode gelesen wurde. Seit dem 01.03.1919 war das »Halberstädter Tageblatt« offizielles SPD-Organ des Parteibezirkes.

Am 03.12.1918 berichtete das »Wernigeröder Tageblatt« über die bevorstehende »Gründung einer sozialistischen Tageszeitung für Wernigerode«. Das »Wernigeröder Tageblatt«, das erstmals 1887 erschien und im Gegensatz zum stramm nationalkonservativen »Wernigeröder Intelligenzblatt« eher liberal eingestellt war, stellte sich nun in den Dienst der Sozialdemokratie. Ab Januar 1919 erschien es mit dem Untertitel »Volksblatt für die werktätige Bevölkerung des Landkreises Wernigerode«. Gedruckt wurde die Zeitung im Gebäude Breite Straße 94. Wie lange es genau Parteiblatt blieb, ist unklar. Tatsächlich finden sich im „Wernigeröder Tageblatt“ noch bis zum 30. Juni 1926 eindeutige Werbungen, die Zeitung als sozialdemokratisches Presseorgan zu abonnieren und zu lesen. Unstrittig hingegen ist die Tatsache, dass ab 1. August 1926 die »Harzer Volksstimme«, als Kopfblatt des »Halberstädter Tageblatt«, von einem Halberstädter Unternehmen herausgebracht, offizielles Parteiorgan der Wernigeröder SPD wurde.

Das »Wernigeröder Tageblatt« existierte noch bis zum 01.03.1935 und ging dann auf in der »Wernigeröder Zeitung und Intelligenzblatt«. Bereits zum 31.12.1934 war die »Buch- und Steindruckerei, Zeitungsvertrieb, Papier- und Buchhandlung« gewerberechtlich abgemeldet worden. Zum 21.05.1935 wurde für das Gebäude eine Weingroßhandlung angemeldet.[26] Im Wernigeröder Adressbuch von 1948 findet sich hier die »Mechanische Kleiderfabrik HEROB K.G.« des Inhabers Arthur Oppermann (Lebensdaten unbekannt). Am 02.05.1953 wurde diese Firma verstaatlicht. Das VEB Kleiderwerk produzierte in den Räumen bis kurz nach der »Wende«.

Jetzt befindet sich in dem Gebäudekomplex mit dem »Angerzentrum«, ein Mix aus verschiedenen Geschäften in nettem Ambiente.

Gegenüber dem Gebäude Breite Straße 94 beginnt die Grüne Straße. Dieser Straße folgen, bis auf der linken Seite die Johanniskirche erscheint.

Johanniskirche

Die Geschichte der Johanniskirche reicht bis ins 13. Jahrhundert zurück. Sie ist in der Substanz die älteste erhaltene Kirche der Stadt. Das südliche Querhaus stammt aus der Entstehungszeit des romanischen Baus. Auf dessen Fertigstellung verweist die Altarweihe durch den Halberstädter Bischof Volrad (1255-1296) im Jahre 1279.[27]

Nachdem 1984 engagierte Christen um Michael Koch, Ludwig Hoffmann, Agnes Schulz, Siegfried Siegel und Gottfried Werther den Friedenskreis Wernigerode gründeten, waren die →Liebfrauen-, die →Sylvestri- und eben die Johanniskirche Treffpunkte der Oppositionellen. Schon davor wurde die ganze DDR-Zeit über (mehr oder weniger konkret) in den Wernigeröder Kirchengemeinden und Kirchengremien sowie bei regionalen Kirchentagen über politische Themen außerhalb des staatlichen Rahmens diskutiert.[28]

undatierte Zeichnung

Am 11.10.1989 fand in der Johanniskirche das zu diesem Zeitpunkt größte Treffen von Unterstützerinnen und Unterstützern des noch immer nicht zugelassenen Neuen Forum statt, nachdem 16 Personen bereits am 18. September in der →»Kontaktlinse« den Gründungsaufruf des Neuen Forum unterschrieben hatten. Seit diesem Tag im September hatten die wöchentlichen Treffs des Neuen Forum eine ständig wachsende Zahl an Interessierten. Als am 10. Oktober vor lauter Menschen die →»Kontaktlinse« am Oberpfarrkirchhof kaum noch zu erreichen war, verabredete man sich für den 11. Oktober ins Evangelische Altenheim →»Harzfriede«, um im dortigen Speisesaal zu diskutieren. Es kamen allerdings so viele Menschen, dass auch dieser Saal zu klein wurde. So zog man dann – nach Absprache mit der Polizei – zur Johanniskirche in die Pfarrstraße.

In einem Stasi-Bericht über die Versammlung des Neuen Forum in der Johanniskirche heißt es: »Beim Eintritt machte Pfarrer Hamel die ersten Anwesenden darauf aufmerksam, dass mit einer größeren Menschenmenge zu rechnen ist, deshalb der Mittelgang freigehalten werden soll, um gleichzeitig noch Stühle aus dem Luthersaal durchtransportieren zu können. (...) Die Kirche hatte damit ein Fassungsvermögen von ca. 750-800 Personen, die in schneller Folge eintrafen. Die Kirche war voll besetzt. (...) Die Begrüßung erfolgte durch den Heimleiter des Altersheimes Harzfriede, Herrn Brückner. (...) Pfarrer Lehmann und der Fürsorger der Gemeinde Liebfrauen Buchmann, Peter, übernahmen in der Folge die Leitung der Veranstaltung. (...) Verwiesen wurde in Bezug auf die künftige Arbeit auf das Wirken in Arbeitsgruppen (z. B. Staatsrecht, Wirtschaft, Versorgung, Gesundheitswesen, Umwelt). (...) Während der Veranstaltung wurden Namenlisten ausgegeben, in die man sich eintragen konnte. Es wurde durch Pf. Lehmann darauf hingewiesen, dass die Unterzeichner alle persönlichen Konsequenzen daraus tragen müssen. Der Verlauf der Veranstaltung zeigte mir, dass sich die Initiative Neues Forum gegen die führende Rolle der SED und gegen den Staatsapparat richtet. Dies wurde allerdings nicht offen ausgesprochen.«[29] Schließlich wurden in dem IM-Bericht noch die Namen von 17 Personen genannt und vermerkt, dass die Veranstaltung um 22.00 Uhr beendet war und die Organisatoren in der Kirche eine Auswertung vornahmen.

In St. Johannis unterzeichneten 224 der Anwesenden mit vollem Namen, Geburtsjahr, Beruf und Adresse den Text »Neues Forum – Aufbruch 89«. Insgesamt haben sich im Herbst 1989 nachgewiesen auf Unterschriftslisten[30] 365 Menschen, davon 292 Wernigeröderinnen und Wernigeröder zum Neuen Forum bekannt.

Über den Hof der Johanniskirche in die Pfarrstraße nach rechts bis zur Kreuzung Pfarrstraße / Albert-Bartels-Straße gehen.

Kreiskulturhaus, Albert-Bartels-Straße 21

An der Stelle, an sich heute das Harzer Kultur- und Kongresshotel befindet, wurde im Jahr 1979 das Kreiskulturhaus eröffnet. Dieses Gebäude sollte insbesondere in der Zeit der demokratischen Revolution im Herbst 1989 eine Rolle spielen.

Links der nie fertiggestellte Saalbau, Bild wohl um 1990/91

Nach der Entmachtung Erich Honeckers (1912-1994) im Oktober 1989 sahen sich auch die hiesigen Funktionäre gezwungen, auf die Dialogvorschläge des Neuen Forum einzugehen. So kam es dann zu einer »Einladung« seitens des Rates des Kreises in das damalige Kreiskulturhaus und zu einer weiteren, gleichzeitig stattfindenden Veranstaltung am 25.10.1989 im →Rathaus durch den Rat der Stadt. Da hunderte Interessierte nicht im Saal des Kreiskulturhauses Platz fanden, erklärte sich Pfarrer Klaus Schäfer bereit, die →Liebfrauen-kirche für die Diskussion zu öffnen und man zog dorthin um.

Eine besondere Funktion hatten in der DDR die Künstler. Bis zum Zusammenbruch des SED-Staates galt sinngemäß, was Walter Ulbricht (1893-1973) schon auf dem 11. Plenum des ZK der SED am 19.12.1965 rhetorisch und zugleich ängstlich fragte: »Sind wir der Meinung, dass ein paar Künstler (...) schreiben können, was sie wollen, und sie bestimmen die ganze Entwicklung der Gesellschaft?« Diese Frage bewies das verquere Bild der DDR-Machthaber, die die gesellschaftliche Entwicklung stets in der Hand haben und bestimmen wollten und von den Künstlern erwarteten, entweder die Menschen im Sinne der herrschenden Politik zu (unter)halten oder als Claqueure ihrer Ideologie zu huldigen. Die meisten der Künstler –

36

insbesondere jene, die ihren Lebensunterhalt damit verdienten – arrangierten sich deshalb im Laufe der Zeit mit den herrschenden Verhältnissen, vermieden die grundsätzlichen Probleme anzusprechen und verbissen sich in Randthemen der Gesellschaft an Einzelschicksalen, die den status quo des Herrschaftssystems nicht in Frage stellten – oder verließen die DDR. Während bei bildenden Künstlern und Schriftstellern die Machthaber stets vor Veröffentlichung der Werke korrigierend oder verbietend eingreifen konnten, übernahmen einige wenige Musiker die Aufgabe von »Aufklärern«, ja sogar von Opposition: Zwar mussten die Programme – gerade auch der Amateurmusiker und -liedermacher – genehmigt werden, damit diese überhaupt auftreten durften, doch, was dann tatsächlich auf der Bühne gesagt oder gesungen wurde, konnte nur im Nachhinein sanktioniert werden. So ging es auch der Wernigeröder Rockband »Flexibel«, deren vom Liedermacher Ralf Mattern verfassten Texte alle die Themen aufgriffen, die für den Staat ein »rotes Tuch« waren: Umweltprobleme, fehlende Reise- und Meinungsfreiheit, Hoffnungslosigkeit, die Militarisierung des Alltags, der weit verbreitete Alkoholmissbrauch und vieles mehr. Dies führte noch im Sommer 1989 zu staatlichen Maßnahmen, die einem Auftrittsverbot gleichkamen. Als am 28. Oktober im Kreiskulturhaus einige Musiker eine öffentliche Liedersession organisierten, luden sie bewusst auch »Flexibel« ein. Dieser Affront gegen die Kultur- und Polizeibürokratie blieb nicht folgenlos: Als im übervoll besetzten Saal erwähnt wurde, dass die Band verboten sei, gab es Unmutsäußerungen im Publikum, die kurz darauf in der Tagespresse ihren Widerhall fanden. Die Band erhielt nach der »Wende« unter dem Namen »AufBruch« als eine der ersten ostdeutschen Rockbands einen Plattenvertrag mit einer westdeutschen Firma.

Auch im Dezember 1989 stand das Kreiskulturhaus im Mittelpunkt: Mit einem Presseaufruf wurde für den 19.12.1989 zur Gründungsversammlung eines SDP-Kreisverbandes in das Kreiskulturhaus eingeladen. Wie sich der spätere (und erste) Vorsitzende der SDP, dann SPD, Siegfried Siegel, erinnerte, »ging es heiß her. Im Saal waren zig Leute, die bewusst eine Gründung verhindern wollten.« So wurde die Versammlung vorzeitig abgebrochen, aber Beitrittserklärungen konnten ausgefüllt und abgegeben werden.

Im Jahr 1993 wich das Kreiskulturhaus, dessen geplanter Saalbau nie fertig gestellt wurde, einem Hotelneubau. Im Jahr 2011 kamen hier am 27. Mai die Umweltminister der Bundesländer zusammen, um den Ausstieg aus der Atomenergie zu beschließen.

Der Pfarrstraße weiter folgen bis zum Schulhof und dem Gebäude auf der linken Seite.

Knaben-Mittelschule, Heltauer Platz 2

Kurz nach dem Zweiten Weltkrieg war die Einwohnerzahl von Wernigerode dramatisch angestiegen: Die Stadt musste nach der Kapitulation 16.000 Vertriebene aufnehmen, 5.000 Zwangsarbeiter und tausende verwundete Soldaten in den Hotels und Lazaretten versorgen, sodass sich die Bevölkerung von 24.000 auf 48.000 verdoppelt hatte. Darüber hinaus gab es durch die Bombardierung 237 total und 1.057 teilweise zerstörte Wohnräume.

Die Knaben-Mittelschule im Jahr 1920

Auch die Schulen waren überbelegt: Die Knaben- und Mädchenschule wurden zusammengefasst, die ehemalige Knabenschule (heute: Adolf-Diesterweg-Grundschule) hatte 1.060 Schülerinnen und Schüler (1939: 732 Schüler), die Mädchenschule (heute: Thomas-Müntzer-Sekundarschule) zählte 1.160 Schülerinnen und Schüler (1939: 821 Schülerinnen), die Hasseröder Volksschule (heute: August-Hermann-Francke-Grundschule) hatte 1.040 Schülerinnen und Schüler (1939: 450). Da der Typ der »Mittelschule« entfiel, nahm das Knaben-Mittelschulgebäude (die spätere Wilhelm-Raabe-Schule, seit 1991: Außenstelle des Gerhart-Hauptmann-Gymnasiums) 950 Schü-

38

lerinnen und Schüler auf (1939: 470). Die »Hilfsschule« (heute: Pestalozzischule für Lernbehinderte) hatte nun 153 Schüler (1939: 120); das Gymnasium (heute: Gerhart-Hauptmann-Gymnasium) und das Lyzeum (heute: Landesgymnasium für Musik) wurden zusammengelegt und hatten zusammen 487 statt früher 421 Schülerinnen und Schüler.

Als Knaben-Mittelschule wurde das Gebäude der späteren Wilhelm-Raabe-Schule seit 1914 genutzt. Seit 1875 hatte sich die Knaben-Mittelschule, wie auch die Mädchen-Mittelschule, am Oberpfarrkirchhof befunden. In einigen Räumen der Knaben-Mittelschule wurde in der Zeit von 1921-1945 eine Landwirtschaftliche Schule betrieben. Bis die Nazis 1933 die Volkshochschule auflösten, fanden hier auch Kurse dieser Schulform statt. 1931 zahlten die Mittelschüler jährlich 100 Mark, die auswärtigen Schüler mussten 125 Mark Schulgeld bezahlen.[31]

Schon 1923 hatte die Schule einen prominenten Gast: Am 5. März hielt der spätere SPD-Vorsitzende Erich Ollenhauer (1901-1963) als Sekretär der Arbeiterjugend-Internationale dort einen Vortrag im Rahmen der »Jugendwoche«.

Die Aula der Schule stand 1946 im Mittelpunkt der Zwangsvereinigung von KPD und SPD zur SED auf Kreisebene. Auf Beschluss des Organisationskomitees zur Vereinigung von KPD und SPD der Provinz Sachsen-Anhalt wurden in der Zeit vom 02.-10.03.1946 in beiden Parteien Mitgliederversammlungen durchgeführt. In ihnen wurden die Delegierten für die Kreisparteitage sowie die jeder Partei zustehenden drei Mitglieder für die Gruppenleitungen der einheitlichen Partei gewählt. Die Wernigeröder SPD-Ortsgruppe tagte am 04.03.1946: Die Ortsgruppe wählte 25 Delegierte für den Kreisparteitag.

Am 10. März wurden die Kreisparteitage beider Parteien getrennt (die SPD in der Aula der Wilhelm-Raabe-Schule, die KPD nebenan im früheren →Logenhaus) durchgeführt. Beide Parteien wählten je zehn Kandidaten für den einheitlichen Kreisvorstand der SED sowie Delegierte zur Bezirks- und Provinzkonferenz. Von den Tagungsorten fand dann eine gemeinsame Demonstration zur Tagungsstätte im →Gewerkschaftshaus »Monopol« statt. Dort wurden Karl Glänzel (1898-1960, KPD) und Friedrich Müller (1888-1957, SPD) als gleichberechtigte Vorsitzende gewählt. Eine Entschließung der Vereinigungskonferenz endete mit den Worten: »Es lebe die Sozialistische Einheitspartei.« Bis zum 04.04.1946 soll die Bildung der Stadtbezirksgruppen der SED abgeschlossen gewesen sein.

39

Rechts um das Schulgebäude herum gehen und links halten.

Logenhaus, Heltauer Platz 1

Die Freimaurer-Loge »Zum starken Licht am Brocken« konstituierte sich am 28.10.1901. Am 07.05.1912 wurde das Logenhaus an der Bahnhofstraße 16 (heute: Heltauer Platz 1) eingeweiht. Die Freimaurer-Loge »Zur Eiche am Scharfenstein« gründete sich am 24.09.1911. Die Brüder trafen sich in gemieteten Räumen.

Das »Kreiskulturhaus Palmiro Togliatti« – undatiert

Nach der erzwungenen Selbstauflösung der Freimaurer-Logen 1935 dauerte die »ruhende Zeit« bis zum 09.03.1996, bis zur Wiedergründung und Zusammenführung der beiden Logen. In der DDR wurde das Logenhaus als Kreiskulturhaus »Palmiro Togliatti« (Umbenennung am 23.08.1965) genutzt. Die Logen-Brüder treffen sich heute wieder in dem am 15.08.1994 an die Weltkugel-Stiftung zurückgegebenen Logenhaus.[32]

Auch die Freimaurer wurden in der Nazizeit verfolgt: Belegt ist, dass zumindest sechs in Wernigerode lebende Logen-Brüder verschiedener Logen vom Sicherheitsdienst des Reichsführers SS (SD) erfasst wurden.[33]

Im ehemaligen Logenhaus tagte am 10.03.1946 der KPD-Kreis-verband und beschloss die Zwangsvereinigung mit der SPD zur SED. Wie bei der SPD, die in der Aula der →Knaben-Mittelschule ihren Parteitag durchführte, wählten die Kommunisten zehn Kandidaten für den einheitlichen Kreisvorstand der SED, sowie Delegierte zur Bezirks- und Provinzkonferenz.

Die KPD war in der Stadt Wernigerode vergleichsweise schwach: Eine Statistik vom 04.05.1946 ergab, dass 2.528 ehemalige SPD-Mitglieder 555 ehemaligen KPD-Mitgliedern gegenüberstanden.[34] Trotzdem wurden, wie vereinbart, alle Parteileitungsgremien paritätisch besetzt. Einer undatierten späteren Aufstellung[35] gemäß, hatte dann der SED-Kreisvorstand schnell eine andere Zusammensetzung: 13 ehemaligen Sozialdemokraten standen nun 15 ehemalige Kommunisten gegenüber. Und dies, obwohl auch auf Kreisebene die (früheren) Kommunisten in der Minderheit waren: Es gab laut der vorerwähnten Statistik vom 4. Mai 6.622 (ehemalige) SPD-Mitglieder und 2.675 (ehemalige) KPD-Mitglieder im Kreis Wernigerode.

Ein bereits ernüchterndes Fazit der Zwangsvereinigung von SPD und KPD zog mit seinem Schreiben vom 09.11.1946[36] der paritätische SED-Kreisvorsitzende Karl Glänzel (1898-1960, früher KPD). In der »Arbeiterpartei« waren die Arbeiter in der Minderheit. Stärkste Gruppe in der SED waren demnach die Handwerker und Kaufleute mit 1.986 männlichen und 225 weiblichen Mitgliedern, vor den Industriearbeitern (1.868 männlich und 163 weiblich). Stark vertreten waren auch die Angestellten und Beamten (1.409 männliche und 438 weibliche Mitglieder). Glänzel zog zudem den Schluss: »80% der neuen Parteimitglieder (…) beteiligen sich sehr wenig am politischen Leben. (...) Sie sind sehr oft nicht aus Überzeugung zu uns gestossen, sondern sehr viele sind aus weiser Berechnung zu uns gekommen. (…) Bemerkenswert ist, dass die weitgrösseren Feinde unserer Partei der Stumpfsinn und die Gleichgültigkeit einzelner Mitglieder sind.«

Vom Heltauer Platz in die Gustav-Petri-Straße und weiter bis zum Marktplatz gehen.

Marktplatz

Der Marktplatz (jeder Stadt) gilt als »gute Stube«. Hier kumuliert(e) das Leben einer Kommune. Dies gilt auch für Wernigerode.

So endete hier auf dem Markt die Revolution von 1848: Am 23. Juli erlebte die neu gegründete Bürgerwehr einen großen Festakt, in dem ihr eine Fahne von Jungfrauen der Stadt geweiht wurde. Abends feierte man dann zum Abschluss ein großes Tanzvergnügen.

Auch die nächste Revolution, die Novemberrevolution 1918, hatte Auswirkungen, die sich auf dem Marktplatz widerspiegelten: Zum ersten (und weil sich die Rechtsparteien dagegen wehrten in der Weimarer Republik auch zum letzten) Mal wurde 1919 der Erste Mai als Feiertag begangen. Die Planung sah vor: »Morgens 6 Uhr Wecken durch das Trommler- und Pfeifer-Korps; 9.30 Uhr Antreten in Hasserode zum Festzuge durch die Stadt; 10 Uhr Abmarsch zum Marktplatze. Aufstellung auf dem Marktplatze und Demonstration. (Ansprache. – Gesangsvorträge der Ges.-Vereine ›Liederbund‹ und ›Einigkeit‹). Hierauf: Demonstrationszug durch die Straßen der Stadt bis zum Volksgarten. Nachmittags 3 ½ Uhr: Konzert auf dem Marktplatz (Turnerische Freiübungen der Turn-Vereine ›Vorwärts‹ u. ›Brüderschaft‹ und Ges.-Vortr. der Ges.-Vereine ›Einigkeit‹ und ›Liederbund‹). Abends ½ 8 Uhr: Festversammlung im Volksgarten, Kurhaus und Fürst Bismarck mit Vokal- und Instrumental-Konzert, turnerischen Vorführungen und Einzelvorträgen.« Im Anschluss schrieb das »Wernigeröder Tageblatt«: »Der große Tag ist in Wernigerode würdig und schön verlaufen. Man wird kaum fehl gehen, wenn man die Teilnehmerzahl auf etwa 2000 Mann schätzt. Am Nachmittag hatte sich der strahlende Himmel überwölkt und als um 3 ½ Uhr auf dem Markt das Konzert und Schauturnen der Turnvereine Vorwärts und Brüderschaft stattfinden sollte, rieselte dauerhaft scheinender Regen hinab. Die Feier wurde daraufhin in die drei Säle Volksgarten, Kurhaus und Fürst Bismarck (Hasserode) verlegt.«

Eine Großdemonstration fand am 31.08.1921 anlässlich des Mordes von Rechtsextremen an dem Zentrumspolitiker Matthias Erzberger (1875-1921), der als Bevollmächtigter der deutschen Regierung und Leiter der Waffenstillstandskommission 1918 das Abkommen von Compiègne unterzeichnet hatte, auf dem Marktplatz statt. Aufgerufen zur Demonstration hatten zunächst nur die SPD und der ADGB, später auch die KPD.

Knapp ein Jahr später, am 27.06.1922, das gleiche Bild: Nach dem Mord an Außenminister Walther Rathenau (1867-1922, DDP) durch Rechtsextreme »drängte sich eine Menschenmenge vor dem Rathause, wie sie der Marktplatz wohl noch nie gesehen hatte«, wie das »Wernigeröder Tageblatt« schrieb. Als Redner auf der Kundgebung, zu der SPD, AfA-Bund, der Ortsausschuss der Gewerkschaften und die liberale DDP aufgerufen hatten, sprach u. a. auch der in Wernigerode gerade als Gast weilende Berliner Bürgermeister Hans Adolf Ritter (1871-1924, SPD). Die politischen Reaktionen auf den Mord an Walther Rathenau waren in Deutschland enorm. Auch in Wernigerode fand schon am 04.07.1922 unter dem Motto »Der Feind steht rechts!« (Kanzler Joseph Wirth [1879-1956, Zentrum] zitierte im Reichstag eine SPD-Formel, die Philipp Scheidemann [1865-1939] in einer Rede vor der Weimarer Nationalversammlung am 07.10.1919 geprägt und nach dem Attentat auf sein Leben wiederholt hatte) die nächste Kundgebung statt. Es riefen die SPD, der Ortsausschuss der Gewerkschaften, das AfA-Kartell und dieses Mal auch die KPD zur Teilnahme auf. Nach der Veranstaltung, bei der an der Rathaustreppe an einem Galgen eine ausgestopfte Puppe mit einem riesigen Hakenkreuz hing, »formierte sich der Demonstrationszug, der über 3000 Personen zählen mochte«, wie es im »Wernigeröder Tageblatt« hieß.

Ohnehin stand in dieser Zeit der Marktplatz im Mittelpunkt des politischen Lebens der Stadt: Ab 01.07.1922 fand nämlich die dritte Reichskonferenz des Verbandes der Arbeiterjugendvereine in Wernigerode statt. Die Delegierten vertraten dabei 1.305 Ortsgruppen mit rund 85.000 Mitgliedern. Wie die Presse schrieb, gestaltete sich am 1. Juli ein »Fackelzug der Reichsarbeiterjugend-Konferenz vom Ausgang des Mühlentals bis zum Marktplatze zu einer eindrucksvollen Demonstration für die Republik und die Ziele der Arbeiterjugend Deutschlands«. Auf dem Markt hielt der Mitbegründer und Vorsitzende der Arbeiterjugend-Internationale, Petrus »Piet« Voogd (1873-1939) eine Rede. In Wernigerode dabei war mit Erich Ollenhauer (1901-1963) der spätere Vorsitzende der SPD, damals Sekretär der »International of the Working Youth«, der ein Referat zum Thema »Die Arbeiterjugendbewegung und die Republik« hielt.

Im Jahr 1930 war das Hakenkreuz am Marktplatz wie 1922 erneut nicht zu übersehen: Der Besitzer des »Gothischen Hauses«, Hugo Fricke (1872-1932), hatte dort der NSDAP einen Laden mit Nebenraum als Geschäftsstelle überlassen. »Eine hervorragende Propaganda« durch Fricke, der der NSDAP »sehr entgegen gekommen und auch sonst in jeder Weise behilflich war«, wie die Nazipartei einschätzte. Er starb 1932 und erlebte das Ergebnis seiner »Hilfe« nicht mehr. Noch störte jedoch die Nazi-Propaganda. Anlässlich eines Kreisfestes des »Reichsbanner Schwarz-Rot-Gold« Mitte Juli 1930 wurde »die Hakenkreuzfahne auf dem Marktplatz von Kameraden beseitigt. Die Verunzierung des Straßenbildes durch die Geschäftsstelle der Nationalsozialisten gab Anlaß zu Beschwerden, einiger hier weilender Republikaner, die in einer Eingabe an den Magistrat ihren Ausdruck fanden. Ein eingebrachter Antrag, den Bundesvorstand auf die örtlichen Verhältnisse aufmerksam zu machen, und in Verbindung mit dem Innenministerium eine Aenderung herbeizuführen, wurde dem Vorstand zur Erledigung überwiesen.«, hieß es in einem Bericht des »Halberstädter Tageblatts« über eine Vollversammlung des »Reichsbanner« im →Gewerkschaftshaus »Monopol«.

Der Erste Mai 1946: Rechts vorn eine frühere Hakenkreuzfahne

Im Jahr 1933 wehten dann jedoch auch in Wernigerode überall die Hakenkreuzfahnen. Am 20.04.1933 meldete die »Wernigeröder Zeitung«, dass »Adolf Hitler Wernigerodes erster und einziger Ehrenbürger« wäre. Und: Ein Foto erlaubt den Rückschluss, dass es auf dem Marktplatz zu einer Bücherverbrennung gekommen ist. Erstaunlich ist, dass sich hierzu in der »Wernigeröder Zeitung« keinerlei Hinweise finden. Weder gibt es hierfür eine Ankündigung, noch wurde im Nachgang darüber berichtet. Eindeutig ist jedoch zu erkennen, dass hier faschistische Organisationen angetreten sind und auch Kinder auf den Marktplatz befohlen wurden, die dem »Schauspiel« zusehen mussten. Es ist weiterhin zu erkennen, dass sich vor den Kindern Kisten befinden, in denen sich dann wohl die zu verbrennenden Bücher befunden haben könnten.

In der DDR-Zeit war der Markplatz immer wieder der Ort für große propagandistische Veranstaltungen, insbesondere zum Ersten Mai. Auf einer Tribüne versammelte sich die (regionale) Politprominenz und die Bevölkerung »durfte« mit Fahnen und Transparenten, auf denen vorher festgelegte Parolen standen, »vorbeidemonstrierend« ihre »Verbundenheit« mit der DDR erklären. Speziell in der Endphase der DDR-Zeit gab es Betriebe, die die Teilnehmer an diesen »Demonstrationen« mit kleinen Geldgeschenken »entschädigten«.

Im Herbst 1989 spielten Fahnen und Transparente (zunächst) keine Rolle, sondern Kerzen. Nachdem am 24. Oktober wie die »LDZ« schrieb, »tausende Menschen die Probleme unserer weiteren gesellschaftlichen Entwicklung in der Sylvestri- und der Liebfrauenkirche diskutierten«, kam es im Anschluss zu einer Demonstration zum Markt, bei der, wie die »Volksstimme« bedauernd feststellte, »durch die mitgebrachten Kerzen die neue Rathaustreppe verschmutzt« wurde. Am 4. November war der Markt dann Ausgangs- und Zielort einer großen (nicht genehmigten) Demonstration von 5.000 Menschen für Demokratie und Freiheit (Foto auf dem Cover).

Kontrovers wurde es auch im Jahr 1990: Nachdem der einhundertste Jahrestag der Feier zum Ersten Mai in Wernigerode auf dem Markt eher zurückhaltend begangen wurde, kam es im Wahlkampf Anfang September bei einem Auftritt von Bundeskanzler Helmut Kohl (1930-2017, CDU) zu Unmutsäußerungen von Teilen des Publikums, die in einem massiven Polizeieinsatz endeten. Auf Antrag der SPD-Fraktion beschloss die Stadtverordnetenversammlung die Einsetzung eines Untersuchungsausschusses. Der für die Wahlkampfveranstaltung verantwortliche CDU-Politiker schied einige Zeit später aus der Stadtverordnetenversammlung aus.

Rathaus

Das Haus entstand um 1420 durch Graf Heinrich (1375-1429) als gräfliches Spielhaus auf dem Weinkeller. Das Gebäude wurde dann im Jahr 1427 der Stadt Wernigerode geschenkt. Auch die Stadt nutzte es als Spielhaus, darüber hinaus diente es als Handels- und Gerichtsort. Während des Stadtbrandes des Jahres 1528 wurde das alte, in der Nähe befindliche Rathaus zerstört. Die Stadt Wernigerode erwarb daraufhin das an der heutigen Westseite des Rathauses befindliche Haus und baute es in den Jahren 1539 bis 1544 gemeinsam mit dem Spielhaus zum heutigen Rathaus um.[37]

Richtig politisch wurde es erstmals in der Revolution von 1848: Am 24.03.1848 hatte Graf Henrich zu Stolberg-Wernigerode (1772-1854) auf die Anfrage des Bürgermeisters von Wernigerode, Wilhelm Julius Hertzer (1814-1872), ob auf dem Rathaus die Schwarz-Rot-Goldene Fahne gehisst werden dürfe, geantwortet: Er fände es »nur angemessen«, wenn »diese Fahne aufgesetzt werde«.[38]

März 2013: Zum Revolutions-Jubiläum wurde die Fahne gehisst

Die organisierte Arbeiterbewegung entsandte erst 1897 ihren ersten Vertreter in das Rathaus: Nachdem sich die hiesige Sozialdemokratie erstmals an den Wahlen am 8. November zur Stadtverordnetenversammlung beteiligt hatte, erhielt →Albert Bartels 110 Stimmen in der Dritten Wahlabteilung. In der nötigen Stichwahl bekam Bartels am 29.11.1897 dann 175 Stimmen und wurde damit als erster sozialdemokratischer Stadtverordneter gewählt.

Im Zuge der Novemberrevolution 1918 wehte dann ab 11. November für acht Tage die rote Fahne auf dem Rathaus.

Am 18.02.1919 berichtete das »Wernigeröder Tageblatt« über den bereits am 21.01.1919 gewählten →Heinrich Bopp, der nun als erster Stadtrat mit SPD-Parteibuch in den Magistrat eintrat.

Für die Wahl der 30 Stadtverordneten am 23.02.1919 wurden nach einer Absprache zwei Einheitslisten mit jeweils 30 Personen gebildet, je zur Hälfte »bürgerliche« und sozialdemokratische Kandidaten. Damit herrschte nach den Wahlen Parität in der Stadtverordnetenversammlung. Der Fabrikbesitzer →Otto Büchting (DDP) wurde erneut zum Vorsitzenden der Stadtverordneten gewählt. Ihm zur Seite stand der Maurerpolier Karl Fricke von der SPD. Ein weiteres Ergebnis der Wahlen war, dass das Amt des Zweiten Bürgermeisters →Hermann Paul Reichardt von der SPD erhielt – die Wahl erfolgte in der Stadtverordnetenversammlung am 06.10.1921, die Amtsübernahme war dann am 01.04.1922.

Während des Kapp-Putsches, der am 13.03.1920 begann, wurde im Rathaus der Generalstreik koordiniert: Das »Wernigeröder Tageblatt« skizzierte, dass »im Rathause eine von Bürgermeister Jahn einberufene Zusammenkunft der Vertreter der Arbeiterschaft und der übrigen Bürgerschaft stattfand, bei der von der geeinten Arbeiterschaft ein Aktionsausschuß von 42 Mann mit einem engeren Ausschuß von 9 Mann gebildet« sei. »Es sei der Wunsch der Arbeiterschaft, daß den Anordnungen dieses Aktionsausschusses unbedingt Folge geleistet werden möchte.«

Bei den Kommunalwahlen 1924 gelang es den Kommunisten vier und dem faschistischen »Völkisch-Sozialen Block«, zwei Mandate zu erringen.

Das Jahr 1927 endete mit einem Paukenschlag in der Stadtverordnetenversammlung: Im Dezember traten die vier Vertreter der KPD aus Protest gegen die offizielle, gegen die Sozialdemokratie gerichtete KPD-Politik geschlossen zur SPD über. In der Folge blieb die KPD in Wernigerode im Vergleich zu anderen Orten eine wenig bedeutende Splittergruppe. Die SPD hingegen wurde bei den letzten freien Kommunalwahlen am 17.11.1929 mit elf (von insgesamt 28) Mandaten stärkste Kraft im Rathaus – die NSDAP bekam »nur« fünf Sitze.

Selbst bei der Kommunalwahl am 12.03.1933 konnte die SPD mehr als einen Achtungserfolg erzielen. Obwohl sie kurz vor dem Verbot stand und bereits Repressalien ausgesetzt war, wurde sie noch einmal zweitstärkste Kraft (hinter der Nazipartei). Die SPD-Abgeordneten konnten jedoch ihr Mandat nicht frei ausüben und legten es mit Schreiben vom 06.05.1933 nieder.

Nach dem Zweiten Weltkrieg mussten unbelastete Kräfte das hinterlassene Chaos der Nazizeit beseitigen und die Verwaltung neu aufbauen. Nachdem der seit 1933 als Bürgermeister tätige Ulrich von Fresenius (1888-1962, NSDAP) abgesetzt wurde, wurde →Max Otto (SPD) von der amerikanischen Besatzungsmacht als Bürgermeister eingesetzt. Er amtierte bis 1950. Auch der fast 77-jährige von 1911 bis 1933 amtierende Vorsitzende der Stadtverordnetenversammlung →Otto Büchting (LDP) wurde ab 1945/46 als Stadtrat verpflichtet. Die Kommunalwahlen am 08.09.1946 unter der sowjetischen Besatzung brachten für die Stadt folgendes Ergebnis: SED: 19 Mandate; LDP(D): 13 Mandate; CDU: 8 Mandate. Da sich die Christdemokraten noch während der Konstitution der Stadtverordnetenversammlung mit der SED arrangierten, galten die Liberalen (noch) als Opposition. Doch auch in der SED gab es Unmut: Die früheren Kommunisten bemängelten eine mangelhafte Berücksichtigung angesichts der in der SED vorgeschriebenen Ämter-Parität von früheren Sozialdemokraten und KPD-Mitgliedern bei der Kandidatenaufstellung für die Stadtverordnetenwahl. Obwohl zur Zeit der Zwangsvereinigung von SPD und KPD zur SED ein Mitgliederverhältnis von 5:1 zwischen SPD und KPD herrschte, wurden von den 19 SED-Mandatsträgern immerhin fünf frühere Kommunisten Stadtverordnete. Und doch: Die SED hatte keine absolute Mehrheit. Mit der »Wahl« am 15.10.1950 sollte sich das ändern. Diesmal traten auf einer Liste die »Kandidaten der nationalen Front« an, die nach einem vorher festgelegten Verhältnis ihre Vertreter in die Stadtverordnetenversammlung entsandten. In dem 40-köpfigen Gremium waren für die SED nur acht Sitze vorgesehen. Da die LDPD und die CDU je fünf Sitze und die neugegründete NDPD genau wie die DBD je drei Sitze erhalten sollten, schien es von vornherein zum status quo des bisherigen Zustands, ja sogar zu einem gewollten Machtverlust der SED zu kommen. Jedoch fanden in der »Nationalen Front« auch weitere gesellschaftliche Gruppierungen Berücksichtigung. So wurden in die Stadtverordnetenversammlung auch vier Vertreter des FDGB, drei der FDJ, einer der VdgB, drei des DFD, einer der Konsumgenossenschaft, zwei von der VVN und zwei vom Kulturbund

»gewählt«. Alle diese Vertreterinnen und Vertreter konnten natürlich auch Mitglied einer Partei sein. Alle 16 gehörten zugleich der SED an. Damit hatte die SED nicht acht sondern 24 Mandate – und damit die absolute Mehrheit in der Stadtverordnetenversammlung. Eine Opposition (durch die anderen Parteien) gab es ohnehin nicht. Das Sagen hatten zudem sowieso nicht die Mitglieder der Stadtverordnetenversammlung, sondern die SED-Kreisleitung.

Erst 1989 wurde mit den Bürgerrechtsbewegungen, wie dem Neuen Forum, und den neu gegründeten Parteien, wie den Grünen und der SDP diese Machtkonstellation aufgebrochen. Ein bezeichnendes Angebot dokumentiert ein Schreiben des Kreisverbandes der Jungen Union aus Wernigerodes Partnerstadt Neustadt an der Weinstraße vom 22.12.1989, welches zunächst an den Magdeburger SDP-Mitbegründer Willi Polte gerichtet, aber dann von Willi Polte nach Wernigerode weitergeleitet wurde, in dem die Nachwuchsorganisation der West-CDU der SDP Hilfe und Unterstützung anbot, »um das Herrschaftswissen und das Meinungsmonopol der SED zu brechen«. Offensichtlich war für die westdeutschen Christdemokraten die ostdeutsche CDU wegen deren Verstrickung mit der SED (noch) kein potenzieller Bündnispartner.

Das sollte sich ändern: Die (Ost)-CDU wurde bei den Kommunalwahlen am 06.05.1990 stärkste Kraft im Rathaus und stellte mit Dr. Herbert Teubner (seit 1971 inoffizieller Mitarbeiter des MfS) auch den neuen Bürgermeister. Nach dessen Rücktritt wurde ab 30.11.1990 Andreas Heinrich (Neues Forum) amtierender Bürgermeister – bis zur Amtsübernahme durch Horst-Dieter Weyrauch (CDU) am 01.05.1991.[39]

Erstmals in der Geschichte wurde der Wernigeröder (Ober)Bürgermeister im Jahr 1994 von der Einwohnerschaft gewählt. Das Vertrauen erhielt in der Stichwahl am 26. Juni mit 68% der Sozialdemokrat Ludwig Hoffmann, der dieses Amt nach seiner Wiederwahl 2001 (mit 67,6% im ersten Wahlgang) bis zu seinem Ruhestand 2008 ausüben sollte. Nach der Amtszeit (2008-2022) des von der SPD unterstützten Peter Gaffert, wurde der Sozialdemokrat Tobias Kascha 2022 in das Amt des Oberbürgermeisters gewählt.

> Aus der Gustav-Petri-Straße kommend links am Rathaus vorbei zur Unterengengasse gehen.

Remise, Marktstraße 1

Das Gebäude gehört zum Komplex Marktstraße 1 und war 1530 als Schmiede, Scheune und Stellmacherei erbaut. Von 1992 bis 2008 wurde es behutsam restauriert.[40]

Nach der Novemberrevolution 1918 tagte dort der Arbeiter- und Soldatenrat. Der vermutlich (zunächst) dreizehn- dann zehnköpfige Soldatenrat muss unmittelbar im Zug der Revolution in Wernigerode gegründet worden sein: Bereits am 10. November verhandelte (laut Protokoll vom 11. November) das Gremium mit dem amtierenden Bürgermeister Albert Eix (1858-1925). Am 10. November gründete sich im →»Volksgarten« dann mit dem zehnköpfigen Arbeiterrat, »der mit dem ins Leben gerufenen Soldatenrat zu raten und zu taten habe«[41], eine Art »zweites Parlament«, der zusammen mit dem Soldatenrat die Errungenschaften der Revolution verteidigen und die Behörden kontrollieren sollte. Welcher Umschwung auch in Wernigerode stattfand, zeigte sich an der Tatsache, dass Fürst Christian-Ernst zu Stolberg-Wernigerode (1864-1940) den Arbeiter- und Soldatenrat sogar finanziell unterstützte, was allerdings weniger politischer Überzeugung als mehr taktischem Kalkül entsprungen sein dürfte. Als Ehrenvorsitzender der Wernigeröder Orts-gruppe der präfaschistischen Deutschen Vaterlandspartei[42] gehörte der damalige Fürst einer anderen politischen Anschauung an: Später betätigte er sich als Ziehvater für die Nazipartei: Er stellte Geld für den Kauf eines PKW zur Verfügung und wurde von Wernigeröder Nazis als »Gönner« bezeichnet.[43]

Gleichwohl wurde der Arbeiter- und Soldatenrat im Schloss empfangen. Soldatenrat Hermann Zirbel (Lebensdaten unbekannt) berichtete: »Nachdem man sich genau nach Titel und Namen der Geladenen erkundigt, habe sich die Flügeltür geöffnet, der hohe Herr sei eingetreten und man habe Platz und eine Zigarre nehmen dürfen. In der von 5 bis 8 Uhr dauernden Besprechung sei über die Wildfrage, über Zuteilung von Kartoffelland, über von der Fürstlichen Verwaltung zur Beschäftigung entlassener Krieger vorzunehmenden Notstandsarbeiten, darüber, daß 100 Zentner Zuckerrüben, die früher zu Zucker zu Verwendung bei der Munitionserzeugung Verwendung fanden, jetzt zur Saftherstellung für die Bevölkerung bereitgestellt werden sollen gesprochen worden und zugesagt, daß auf den Fürstlichen Hüttenwerken in Ilsenburg der Achtstundentag eingeführt werden solle, sich organisieren zu dürfen. Ueber die Höhe der Minimal- und Ackordlöhne auf den Hüttenwerken sei noch keine Einigung erzielt worden. Der Fürst habe dann Mitteilung gemacht über eine Stiftung im Betrage von 100.000 Mark, die Kriegsteilnehmer als besondere Gabe zu gute kommen soll und daß für die Deckung der Unkosten seitens der Fürstlichen Verwaltung dem Arbeiter- und Soldatenrate je 250 Mark gezahlt werden sollten, welche Spende gegebenenfalls wiederholt würde.«

Hinweisschild

Der SPD-Stadtverordnete August Mayhack (1859-1942) kritisierte laut Presse den Fürstenbesuch: »Der Fürst sei Großgrundbesitzer, seine Güter seien durch den Krieg ungeheuer im Werte gestiegen, seine Kriegsgewinne beziffern sich auf 2 Millionen allein aus den Forsten, insgesamt sei dieser mit 6 Millionen Mark gering geschätzt, da könnten 100.000 Mark nichts ausmachen, im Verhältnis zum Kriegsgewinn sei dies ein Trinkgeld. Es dürfe nicht wieder so gehen wie 1848, wo der damalige Graf den Wernigerödern auf der Schützenwiese ein Fest gab, mit den Bürgerfrauen tanzte und die Revolution war beendet!«[44]

Obwohl nach den Kommunalwahlen im Februar 1919 eine nicht mehr im Drei-Klassen-Wahlrecht gewählte Stadtverordnetenversammlung existierte, wurden am 16.03.1919 in der Stadt, in Nöschenrode und auf dem Schloss nochmals die Arbeiterräte neu gewählt.

Die Unterengengasse bis zur Kochstraße gehen. Dort hinein abbiegen. In die Oberengengasse nach links biegen, bis die Büchtingenstraße erreicht ist. Hier rechts gehen bis links die Straße Liebfrauenkirchhof mündet. Dort bis zur Burgstraße gehen und nach rechts wenden.

Das Haus war seit 1873 bekannt als »Knauf's Hotel«. Vorher existierte dort lediglich ein Bierlokal. In einer Werbung aus dem Jahr 1897 versprach »Knauf's Hôtel und Pension (…), mit großem, durch geschmackvolle Parkanlagen verschönten Garten, dessen hohe Terrassen durch den noch einzig aus der Stadtbefestigung des 14. Jahrhunderts vorhandenen Turm gekrönt sind (…) die reinste erfrischende Bergluft, sowie schattige Plätze und Wege zum Ergehen der Bewohner und Gäste des Hôtels und der Restauration«. Bis 1677 lassen sich dort Bewohner nachweisen, wobei der Standort schon lange auch gewerblich genutzt wurde, so z. B. ab 1744 durch einen Branntweinbrenner, ab 1813 durch einen Lohgerber, ab 1824 durch einen Tierarzt. Lukullisch ging es auf diesem Grundstück erstmals 1869 zu, als ein »Conditor« einzog.[45] Bis zum Ersten Weltkrieg als Hotel geführt, zog dort anschließend eine Riemenfabrik ein, deren Gebäude in der DDR-Zeit als Turnhalle und später vom Stadtarchiv genutzt wurde. Heute befindet sich im Haus das Restaurant »Mampfy«.

Burgstraße 49 im Jahr 2015

Das Hofgebäude wurde unter großem Aufwand neu hergerichtet und bietet in geschmackvollem Ambiente einen Saal.

Erst spät, im Jahr 1993, fanden sich wesentliche Protagonisten der 1989er Revolution, nämlich Mitglieder des Neuen Forum, der Grünen und weiterer basisdemokratischer Organisationen zusammen, um sich als Partei zu konstituieren.

Dem gingen heftige Diskussionen voraus: Nachdem sich in der →Liebfrauen- und →Sylvestrikirche am 24.10.1989 das Neue Forum für Wernigerode gründete, bildete sich aus den Regionalforen und Basisgruppen 1990 im Blick auf das zu gründende Land Sachsen-Anhalt ein »Landesforum« mit Satzung und Programm. Am 31.08.1990 beschloss das Neue Forum der Region Wernigerode eine Listenverbindung unter dem Namen »Grüne Liste/Neues Forum« mit Unabhängigem Frauenverband (UFV) und den Grünen einzugehen.

Nachdem sich im September 1991 das Bündnis 90 aus den Bürgerbewegungen Demokratie jetzt, Initiative Frieden und Menschenrechte und Teilen des Neuen Forum in Potsdam gebildet hatte, kam es am 09.01.1992 zu einer Urabstimmung im Neuen Forum der Region Wernigerode in der →»Kontaktlinse«, wo mit 19 Stimmen bei einer Gegenstimme und fünf Enthaltungen für den Beitritt zur Partei Bündnis 90 gestimmt wurde.

Im Mai 1993 vereinigten sich in Leipzig Bündnis 90 und Die Grünen zur gemeinsamen Partei. Die Wernigeröder Kreisverbände von Bündnis 90 und Die Grünen beschlossen auf einer Klausurtagung vom 05.-07.11.1993 die Vereinigung auch im Kreis Wernigerode.[46]

Zur ersten Kreisgeschäftsstelle mit Versammlungsraum wurde das ehemalige Frauenförderzentrum in Wernigerode, Burgstraße 49. Bis zum Einzug in die Burgstraße 49 trafen sich die Vertreter der Bürgerbewegungen vorwiegend in Wohnungen oder in öffentlichen Räumen, wie in Schulen, um ihre politischen Projekte zu besprechen.

Die Burgstraße auf der linken Seite weiter entlang gehen bis in die Nöschenröder Straße.

Nöschenröder Hof, Nöschenröder Straße 61

Wie überall im Deutschen Reich war es auch für die Wernigeröder Sozialdemokraten im 19. Jahrhundert schwer, Lokale zu finden, in denen sie tagen konnten. Je stärker die Öffentlichkeitsarbeit der Sozialdemokraten wurde, umso stärker wuchs der Druck auf die Restaurantbesitzer, die sich ihrem Abhängigkeitsverhältnis von den Behörden und der Gräflichen Verwaltung nicht entziehen konnten, ihre Lokale zu Versammlungszwecken nicht herzugeben. Als 1921 das →Gewerkschaftshaus »Monopol« eingeweiht wurde, erinnerte sich Wilhelm Niewerth (1863-1950): »Unser erstes Lokal war das Schützenhaus; doch die anderen Vereine erzwangen, daß wir hier nicht mehr tagen durften. Die Arbeiter setzten es aber durch, daß wir in einem kleinen Zimmer des Hotels Monopol unterkommen konnten. Aber bald wurden wir auch von hier heraus in die kleine Keglerstube gedrückt. In dieser Zeit wurde auch der Wunsch zur Schaffung eines eigenen Lokales laut. Wir kauften dann die alte Sägemühle für 5000 Mark. Zwar war sie nur bescheiden, doch waren wir im eigenen Heime. Den 1. Mai 1893 feierten wir zum ersten Male in bescheidener Form. Einige Zeit verging dann ohne Störung, doch alsbald kam die Polizei und machte einen dicken Strich durch unsere stolzen Hoffnungen und Pläne. Der Ausschank des Bieres musste eingestellt werden und man war gezwungen, sich lange Zeit mit Flaschenbier zu behelfen.«

Der spätere »Nöschenröder Hof« im Jahr 1942 als »Schloßkonditorei & Café« Karl Ehrt – im Bild mittig

Mit dem 1893 eingeweihten →»Volksgarten« und dem 1921 übernommenen →Gewerkschaftshaus »Monopol« hatte die organisierte Arbeiterbewegung bis 1933 eigene Räumlichkeiten.

Im Zuge der Herbstrevolution 1989 war es Rolf Lemke (1937-2019), der Wirt des »Nöschenröder Hofes«, der sein Lokal der SDP/SPD zur Verfügung stellte, um dort Veranstaltungen durchführen zu können. Der »Nöschenröder Hof« war eines der wenigen privat geführten Restaurants in Wernigerode am Ende der DDR-Zeit und genoss unter den Einheimischen wegen der ausgezeichneten Küche einen hervorragenden Ruf. Lemke selbst war frühes Mitglied des SPD-Ortsvereins geworden. Als einzige Wernigeröder Partei hatte die SPD damit ein offizielles »Vereinslokal« – bis 2003, als Rolf Lemke, der von 1990-1998 Stadtrat und SPD-Fraktionschef war und 1990 auch in den Kreistag gewählt wurde, in den Ruhestand ging. Seitdem wird die Gaststätte nicht mehr betrieben.

> Die Nöschenröder Straße bis zum Holfelder Platz gehen, dort links halten an der Theobaldi-Kirche vorbei in den Bohlweg einbiegen. Den Bohlweg entlang am Christianental vorbei bis zum Wildmeisterweg gehen.

Wildmeisterweg 4

Hier lebte zuletzt **Max Otto**, der am 8. Januar 1889 in Waldheim geboren wurde und am 15. Januar 1969 starb (Bild um 1945).

Otto erlernte den Beruf des Schriftsetzers und trat 1907 in die SPD ein. Seit 1919 war er in Wernigerode ansässig. Im Januar 1921 warb Max Otto, der zwischenzeitlich zur USPD übergetreten war, erfolgreich für die Wiedervereinigung mit der SPD, die erst ein Jahr später deutschlandweit vollzogen wurde. Von 1924 bis 1933 war Otto Vorsitzender des Ortsausschusses der Gewerkschaften. Er wurde 1929 in die Stadtverordnetenversammlung gewählt, wie auch nochmals am 12.03.1933. Dieses Mandat legte er jedoch am 30.03.1933 nieder. Im Juni 1933 wurde er mit 80 weiteren Sozialdemokraten in die →»SA-Führerschule« in Wernigerode getrieben und dort misshandelt. 1937 ereilte Max Otto das Schicksal der Denunziation. Als auf einer Versammlung der Deutschen Arbeitsfront (DAF) in Wernigerode am 15.06.1937 der Gauobmann Knabe aus Magdeburg im Kartonagenwerk eine Rede hielt, meinte Otto gegenüber seinen Kollegen, dass er dies für »den größten Mist, den je ein Redner vorgetra-

gen hat« halten und diese Rede »von großer Dummheit zeugen« würde. Einer seiner Kollegen meldete Ottos Meinung sofort an die DAF weiter. Das Amtsgericht Wernigerode verurteilte Otto zu drei Monaten Gefängnis, seine Arbeit verlor er auch.

Im Zusammenhang mit dem Hitler-Attentat wurde Max Otto im Juli 1944 erneut verhaftet und für vier Monate im KZ Sachsenhausen eingekerkert. Von den Amerikanern wurde Max Otto am 19.04.1945 zum ersten Nachkriegsbürgermeister in Wernigerode ernannt.

Im November/Dezember 1945 brach Typhus in Wernigerode aus. Um Trinkwasser zu prüfen und andere Untersuchungen vorzunehmen, musste täglich zu einem Institut in Magdeburg gefahren werden. Mit dem nun sowjetischen Stadtkommandanten kam Otto überein, in Wernigerode ein Institut für hygienische Untersuchungen einzurichten – im ehemaligen »Braunen Haus« der Naziorganisationen in der Burgstraße – dem heutigen Robert-Koch-Institut.

Kurzzeitig amtierte Max Otto nach der Verhaftung des ersten (sozialdemokratischen) Landrats →Paul Eichfeld 1945 kommissarisch als Landrat. Otto wurde 1946 bei den letzten relativ freien Wahlen in der Ostzone in die Stadtverordnetenversammlung gewählt und dort zum Ersten Bürgermeister ernannt. Er blieb dies bis 1950 – als die »Säuberungen« gegen ehemalige Sozialdemokraten einen weiteren Höhepunkt erreichten.

Max Otto wurde gleichwohl auf der Liste der »Nationalen Front« bei den »Wahlen« am 15.10.1950 erneut in die Stadtverordnetenversammlung gewählt, hat jedoch wahrscheinlich die Legislatur bis 1957 früher beendet. In den Jahren 1951 und 1952 war Otto Geschäftsführer der Sozialversicherungskasse Wernigerode, von 1953 bis Oktober 1958 bekleidete er das Amt des Werkleiters des »Druckerei und Kartonagenwerkes Wernigerode«, jenes Betriebes, in dem er in der Nazizeit denunziert wurde.

An der Kreuzung Wildmeisterweg / Christianental Richtung Hauptstraße (Mühlental) und dort nach rechts gehen. Gegenüber dem Grundstück Mühlental 25 über die Brücke und den Parkplatz gehen und rechts halten. Immer geradeaus gehend der schmaler werdenden Straße folgen und nach etwa 250 m talabwärts blicken.

Harzfriede, Mühlental 18

Dort, wo sich früher das Altenheim »Harzfriede« befand, wurde nun das Wohngebiet »Sonneck« errichtet.

Die Häuser von »Harzfriede« im Jahr 1918

»Sonneck« wurde erstmals im Jahr 1835 als Haus »Zoar« erwähnt, das Haus »Harzfriede« hieß zunächst »Bethel«. Demnach vererbte »eine reiche Dame« die Häuser der Berliner Stadtmission.[47] Bis zum Ende des Zweiten Weltkriegs wurde dann »Sonneck-Harzfriede« als Erholungsheim der Evangelischen Kirche in Berlin (Innere Mission/Diakonie) genutzt. Ab 09.04.1945 wurde das Haus »Sonneck« (das dem Haus »Harzfriede« über der Straße Mühlental gegenüber lag) die Unterkunft für Oberst Gustav Petri (1888-1945). Ihm war befohlen worden, die Stadt Wernigerode gegen die anrückenden Amerikaner zu verteidigen. Militärische Einsicht und humanistische Verantwortung veranlassten ihn jedoch, den Befehl zu verweigern. Hierfür wurde er am 12.04.1945 erschossen. In Wernigerode wurde seiner erst nach 1989 am Wohltäterbrunnen auf dem →Marktplatz mit einer Plakette gedacht und eine Straße nach ihm benannt.[48]

Im Herbst des Jahres 1989 spielte der Speisesaal des Altenheimes »Harzfriede« eine besondere Rolle. Als am 10. Oktober wegen der vielen am Neuen Forum Interessierten die →«Kontaktlinse« am Oberpfarrkirchhof kaum noch zu erreichen war, verabredete man sich für Mittwoch, dem 11. Oktober, ins Evangelische Altenheim »Harzfriede«, um im dortigen Speisesaal zu diskutieren.

Pfarrer Peter Lehmann, Leiter des →»Katechetischen Seminars« und einer der wichtigsten Köpfe der Wernigeröder Oppositionsbewegung, wurde vom Rat des Kreises an jenem Tag zu einem Gespräch »zur Klärung eines Sachverhaltes« aufgefordert. Das Stasi-Protokoll vermerkt: »Die geplante Zusammenkunft von Sympathisanten des Neuen Forums in kirchlichen Räumen wird nicht untersagt. Da Lehmann selbst zu den Initiatoren gehört, veranlassten wir ihn, seinen Einfluss geltend zu machen, um öffentlich wirksame Aktionen zu vermeiden.«[49]

Es kamen allerdings erneut so viel am Neuen Forum interessierte Menschen, dass auch der Saal im »Harzfriede« zu klein wurde. Im Vorfeld hatte jedoch die Polizei verlangt, dass es keinesfalls zu einer Kundgebung unter freiem Himmel kommen dürfe. Man musste einen Ausweg finden, da viele vor dem Saal standen und es zwangsläufig zu einer »Kundgebung unter freiem Himmel« gekommen wäre. So zog man dann – nach Absprache mit der Polizei – zur →Johanniskirche in die Pfarrstraße. Die Organisatoren um den späteren Bündnisgrünen Aktivisten Peter Lehmann »überrumpelten« die Polizei, indem sie nicht die nahegelegenere →Liebfrauenkirche als neuen Treff vorschlugen. Von der Polizei wurde die Auflage erteilt, auf dem Weg zur →Johanniskirche nur den Fußweg zu benutzen. Mit mehreren hundert Menschen wurde dieser »Umzug« zu einer – noch stillen – Demonstration durch die gesamte Innenstadt.

Weiter geradeaus den Pulvergarten entlang gehen bis zur nächsten Straßenkreuzung. Dort in die Gartenstraße halblinks einbiegen. Die Mettestraße rechts liegen lassend, den Pfad am Wiesenrand nutzend in das Zwölfmorgental gehen. Hier bergan (nach links) und am Haus Nr. 16 nach rechts abbiegen in den Wald. Die Weggabelung an der links eingezäunten Wiese nach rechts gehen bis zur nächsten Wiese.

Papenanneken

Nachdem im Jahr 1890 die erste Erste-Mai-Feier kurzfristig ausfallen musste, weil das vorgesehene Lokal sich nicht in der Lage sah, die Versammlung auszurichten, war es für die sozialdemokratische Arbeiterbewegung offensichtlich erneut nicht möglich, ein Lokal für die Feier zu finden. So wurde per Anzeige darauf aufmerksam gemacht, dass »das grosse Arbeiter-Familienfest verbunden mit Unterhaltungsmusik und Gesangsvorträgen, unter gefälliger Mitwirkung des Gesangs-Vereins ›Liederbund‹ am Sonntag, den 3. d. Mts., von nachmittags 3 ½ Uhr an auf Papenanneken stattfinden wird. Für kochendes Wasser zum Kaffeekochen wird Sorge getragen werden. Zutritt Jedermann gestattet«.

Papenanneken unterhalb des Amelungskopfes

Zur Maifeier schrieb das »Wernigeröder Tageblatt« am 04.05.1891: »Die diesjährige Maifeier der Arbeiter unserer Stadt kann man mit vollstem Recht als eine nach allen Seiten hin befriedigende und gelungene bezeichnen. Der Festort war der idyllisch gelegene Waldplatz Papenanneken, woselbst sich gegen 4 Uhr nachmittags eine sehr zahlreiche Volksmenge versammelt hat, welche, aus Handwerkern und Arbeitern aller Berufe mit ihren Familien bestehend, den ganzen Platz vollständig füllte. Bald hatten sich überall plaudernde und scherzende Gruppen gebildet, welche sich teils im Walde gelagert hatten und teils den engeren Festplatz besetzt hielten. Für die leiblichen Bedürfnisse der Anwesenden war ausreichend Sorge getragen; während für die kaffeetrinkenden Hausmütter und deren Kinder kochendes Wasser zur Bereitung des edlen Mokka in Menge vor-

59

handen war, belagerte das stärkere Geschlecht das improvisierte Buffet und leistete quantitativ im Trinken des Lagerbieres aus der Brauerei Schreyer Außerordentliches (es sollen zwei Wagenladungen vollständig ›alle‹ geworden sein). Selbstverständlich war auch Musik anwesend und gefielen insbesondere allgemein die einzelnen gesanglichen Vorträge des Vereins ›Liederbund‹. So verstrich denn unter Plaudern, Scherzen, Gesang und -trinken der Nachmittag, welcher sich auch durch prächtiges Frühlingswetter auszeichnete, bis die Feier nach der 7. Abendstunde ihren Abschluß fand, ohne daß irgendwie ein von gewissen ängstlichen Gemütern befürchteter ›Zwischenfall‹ vorgekommen wäre und die anwesenden sechs Wächter des Gesetzes hätten einschreiten müssen. Alles in allem genommen muß jeder Unbefangene die Feier als eine in allen Teilen gelungene bezeichnen, fern von jedem politischen Gepräge bot sich thatsächlich das Bild eines großen Familienfestes und zeigte auf's neue, daß in den Arbeiterkreisen unserer Stadt ein durchaus ruhiger und friedlicher Sinn herrscht.«

Offensichtlich hatte im Vorfeld das »Wernigeröder Intelligenzblatt« vor der Veranstaltung mit unhaltbaren Behauptungen gewarnt. Deshalb sah sich auch →Albert Bartels unter der Überschrift »Berichtigung« genötigt, eine Gegendarstellung im »Wernigeröder Intelligenzblatt« als Anzeige zu veröffentlichen: »Das ›Wernig. Int.-Blatt‹ bringt in seiner letzten Nummer einen Bericht über das voraussichtliche Programm der hiesigen Maifeier. Wir erklären hiermit, daß das ganze Programm, wie es in dem Blatte entwickelt ist, der Wahrheit nicht entspricht. Es werden weder Ansprachen gehalten, noch über eine Resolution abgestimmt werden, ebenso unwahr ist es, daß von außerhalb (Blankenburg) sich Festteilnehmer einfinden werden, nicht einmal der Beginn des Festes ist richtig angegeben. Der ganze Artikel ist also weiter nichts, als pure Dichtung, ein reines Fantasieprodukt des Verfassers, dessen Erfindungstalent allerdings bewundert werden muß. Und der Zweck des Artikels? Nun, der ist so durchsichtig, daß ein näheres eingehen darauf überflüssig erscheint. Im Auftrage Albert Bartels.«

> An der Wiese auf den Wanderweg nach rechts Richtung Amelungsweg gehen. Dort angekommen in der Laufrichtung bleiben und die Straße Am Großen Bleek bergab gehen.

Katechetisches Seminar, Am Großen Bleek 36

Das imposante Gebäude spielte in der Zeit vor und während der demokratischen Revolution des Herbstes 1989 als »Katechetisches Seminar« eine wichtige Rolle als Ort, an dem junge, kirchlich gebundene Leute, die im Bildungssystem der DDR keine Chance (mehr) bekamen, studieren konnten und zunehmend politisch aktiv wurden.

Seit 1985 unter der Leitung des Pfarrers Peter Lehmann, einem späteren Bündnisgrünen Aktivisten, wurden dort kirchliche Mitarbeiter in der Kinder-, Jugend- und Familienarbeit ausgebildet.

Das als Hospiz geführte Haus Gottesgabe vor 1945

Das Haus selbst gehörte zunächst der verwitweten Gräfin Alice Seyssel d'Aix (1870-1947) aus Berlin. Sie verschenkte es 1912 für die Arbeit von Schwester Eva von Thiele-Winckler (1866-1930), die sich mit tiefer Frömmigkeit und großer Aufopferung in ganz Deutschland um heimatlose und verwaiste Kinder kümmerte. Schwester Eva nannte das Haus »Gottesgabe« und nahm hier und in zwei naheliegenden Gebäuden rund 50 Kinder auf. Die Kinder fanden in Familiengruppen ein Zuhause und zugleich eine schulische Bildung und Erziehung. Bereits 1917 musste das Haus »Gottesgabe« aufgegeben und an die Missionsgesellschaft »Licht im Osten« verkauft werden, die sich besonders um eine christliche Verkündigung in der Sowjetunion bemühte (Bibelausgaben in russischer Sprache). Ab 1933 diente das Haus auch als Missionsseminar und Tagungsstätte. Zwischen

1939 und 1945 wurden ein Hospiz und später ein Lazarett eingerichtet, zu dem auch ein heute zugeschütteter Bunker im Garten gehörte. Nach 1945 richtete das Diakonissen-Mutterhaus Kreuzburg (Oberschlesien) hier eine Ausweichstelle ein. Mit dem Schlesischen Provinzialverband der Inneren Mission war durch das Diakonissen-Mutterhaus während der Nazizeit eine kirchliche Ausbildungsarbeit aufgebaut worden: Als immer mehr evangelische Kindergärten in nationalsozialistische umgewandelt wurden, sind die entlassenen Kindergärtnerinnen gesammelt und zunächst zu katechetischen Wochenendkursen, ab Januar 1939 zu »Katechetischen Kursen« eingeladen worden. Die Absolventinnen wurden als ehrenamtliche Gemeindehelferinnen tätig. Ab 1944 wurden vor dem Konsistorium in Breslau Examen abgelegt, die auch die Berechtigung enthielten, kirchlichen Unterricht zu erteilen. Damit begann der Aufbau einer »Christenlehre«. Im Januar 1945 wurde die Ausbildung zunächst nach Görlitz, dann nach Thale und schließlich im Juli 1945 nach Wernigerode verlegt. Die Kirchenleitung der Evangelischen Kirche der Kirchenprovinz Sachsen hat 1948 die Ausbildungsstätte als »Katechetisches Seminar«, zu dem noch zwei weitere Häuser in unmittelbarer Nähe gehörten, anerkannt und 1991 hier das »Pädagogisch-Theologische Institut« eingerichtet, das sich seit 1996 im Kloster Drübeck befindet. Die Gebäude wurden an private Investoren verkauft.[50]

Insbesondere in den späten 1980er Jahren war das »Katechetische Seminar« den in der DDR Herrschenden ein zunehmender Dorn im Auge: Mit innerkirchlichen Gruppen, wie der »Kirche von unten«, stellten vornehmlich in der evangelischen Kirche vor allem junge Leute zunehmend – auch für einige Kirchenleitungen – unbequeme Fragen. Für die DDR-Staatsmacht war Pfarrer Lehmann »Initiator« der Opposition, aber als Leiter des Seminars eben auch Ansprechpartner. Gleichwohl stellte Pfarrer Lehmann die Infrastruktur seines Hauses zur Verfügung, um (den Studenten die Gelegenheit zu geben) oppositionelle Druckerzeugnisse herstellen und vervielfältigen zu lassen. Damit war sein Haus zugleich eine Art »Zentralsekretariat« der Wernigeröder Opposition. Noch im September 1989 schrieb der Rat des Kreises Wernigerode an den Rat des Bezirkes Magdeburg: »Innerhalb des Verantwortungsbereiches der Kreisdienststelle Wernigerode entwickelt sich durch die Formierung von Kräften des politischen Untergrundes das Katechetische Seminar zu einem Schwerpunktbereich. Mehrere Studenten dieser Einrichtung (...) traten in jüngster Vergangenheit durch öffentlichkeitswirksame provokatorische Handlungen in Erscheinung.«

Doch auch nicht kirchlich gebundene junge Leute begannen ab Mitte der 1980er Jahre zu rebellieren. Auf Initiative von Thomas Richardt (später erster Juso-Kreisvorsitzender von Wernigerode) und Ralf Mattern (später stellvertretender Ortsvereinsvorsitzender der SPD) kam es vom 06.-08.06.1987 zum ersten »Treffen der alternativ denkenden Jugend des Harzvorlandes«, das die Initiatoren konspirativ organisierten und ein Jahr später wiederholten. Man wanderte von Wernigerode nach Drei-Annen-Hohne und fuhr mit der Harzquerbahn nach Benneckenstein, wo über Pfingsten die Möglichkeit gegeben war, zu zelten. Mit weiteren, dort zugestoßenen jungen Leuten wurde eine Eingabe an den Staatsrat gegen die Nutzung der Atomkraft verfasst und von 35 der Anwesenden unterzeichnet. Bei diesem Treffen kamen sich diese vom MfS so bezeichnete nichtkirchliche »Gruppe Grüne Alternative« und Stephan Hilchenbach, einer der politisch aktivsten Studenten des »Katechetischen Seminars«, erstmals näher (Foto Umschlagseite hinten).

Das MfS erfasste natürlich alle eventuellen Oppositionellen – in dem sogenannten »Vorbeugungskomplex«. Wer dort »einlag«, wäre in »Spannungsperioden« festzunehmen gewesen. Einer Übersicht aus dem Jahr 1988 ist zu entnehmen, dass es im Kreis Wernigerode 15 Personen gab, die »unter dringendem Verdacht stehen, staatsfeindliche Handlungen gegen die DDR zu begehen, zu dulden bzw. Kenntnis davon zu haben und die als mögliche Führungskräfte in Erscheinung treten könnten«. 26 Personen galten als »Träger der politisch-ideologischen Diversion, die bestimmte Bevölkerungskreise massiv beeinflussen und zu Handlungen gegen den Staat aufwiegeln können«. Die größte Gruppe bildeten 304 Personen, weil sie eine »feindlich-negative bzw. labile Grundeinstellung zu den gesellschaftlichen Verhältnissen in der DDR besitzen. Hierzu gehören Jugendliche mit negativ-dekadenten Verhaltensweisen, DDR-Bürger, die aufgrund ihrer ablehnenden Haltung zur sozialistischen Staats- und Gesellschaftsordnung nicht an Wahlen teilgenommen haben, Mitunterzeichner von Resolutionen, Briefen, Petitionen u. a. Schriftstücken, deren Inhalte sich gegen die sozialistische Staats- und Gesellschaftsordnung, gegen gesellschaftliche Bereiche und Prozesse (…) richtet, aber auch DDR-Bürger, die mit sogenannten alternativen politischen Forderungen bzw. Bewegungen (…) sympathisieren.« Unzuverlässige Personen aus Schlüsselpositionen der staatlichen Leitung, der Landesverteidigung, der Volkswirtschaft oder anderen wichtigen Bereichen des gesellschaftlichen Lebens gab es nach dieser Aufstellung im Kreis Wernigerode übrigens nicht.

Die Straße Am Großen Bleek bergab gehen, bis rechts die Straße Zwölfmorgental mündet. Nach 50 Metern befindet sich dort auf der linken Seite der Kindergarten.

Nöschenröder Schützenhaus, Zwölfmorgental 3

Die Gemeinde Nöschenrode ließ bereits im Jahr 1722 ein Schützenhaus errichten, das jedoch im Jahr 1823 niedergerissen und neugebaut wurde. 1894 wurde ein großer Saal angebaut, der 1909 um eine Bühne erweitert wurde. Nach dem Zweiten Weltkrieg zunächst als Gaststätte genutzt, wurden im Juni 1947 drei Räume, eine Küche und eine Außentoilette zur Nutzung als Kindergarten freigegeben. Nach einem Umbau wurde das Gebäude ab dem 01.10.1950 komplett als Kindergarten genutzt. Nach jahrelangen Reparaturen und ehrenamtlichen Bauleistungen wurde am 29.08.1973 der Neubau des Kindergartens übergeben. Im alten Saalanbau wurde eine Turnhalle eingerichtet, die jedoch in den 1980er Jahren wegen baulicher Mängel gesperrt werden musste. Der Abbruch erfolgte im Jahr 2009.[51]

Das Nöschenröder Schützenhaus im Jahr 1928

Politisch wurde das Nöschenröder Schützenhaus insbesondere in der Zeit nach dem Ersten Weltkrieg genutzt. Erwähnung fand es kurz vor dem 1. Mai 1919, der in jenem Jahr erstmals gesetzlicher Feiertag war. Im »Wernigeröder Tageblatt« hieß es unter der Überschrift »Ein Mahnwort an die Unabhängigen« (wobei damit die USPD gemeint war): »Ist auch eines der Hauptziele der früheren Maifeiern, der achtstündige Arbeitstag, durch die Revolution verwirklicht worden, so sind die diesjährigen nicht minder wichtig. (...) Auch hier in Wernigerode muß die Arbeiterschaft das gerade nicht ergötzliche Schauspiel erleben, daß, während die große Masse zu einer wuchtigen Demonstration rüstet, das kleine Häuflein der Unabhängigen sich von dieser Veranstaltung ausschließt, (...) und eine besondere Feier im Nöschenröder Schützenhause plant. (...) Hoffentlich gewinnt bei manchem doch noch die bessere Einsicht die Oberhand und er begeht die diesjährige Maifeier dort, wo er hingehört: In seiner Gewerkschaft und damit im Zeichen der Mehrheitssozialisten.«

Die Hoffnung sollte enttäuscht werden, denn knapp zwei Jahre später – die im Januar 1919 erstmals öffentlich auftretende Wernigeröder USPD hatte sich bereits am 13.01.1921 der SPD wieder angeschlossen – fand im Nöschenröder Schützenhaus »Mitte Januar« die Gründung der Wernigeröder KPD statt. Am 16.01.1921 gab es bereits ein »Treffen der sämtlichen Wernigeröder SPD und KP-Funktionäre«, wie es im »Wernigeröder Tageblatt« hieß, sodass die Gründung der KPD auf die Zeit zwischen dem 13. und 15.01.1921 datiert werden kann.

Im Jahr 1923 war das Nöschenröder Schützenhaus wieder in den Schlagzeilen im »Wernigeröder Tageblatt« – dieses Mal als Versammlungsort von Rechtsextremen. Am 12. September »wurde etwa um 8 Uhr abends der Polizei gemeldet, es seien zwei Autos mit bewaffneten Hakenkreuzlern aus Halberstadt auf dem Wege nach Wernigerode. (…) Die Arbeiterschaft hatte von diesem Vorgange ebenfalls Kenntnis. Sie sammelte sich im Gewerkschaftshaus Monopol und dessen Umgebung. Die hiesigen Mitglieder des Stahlhelm waren laut Zeitungsinserat im Nöschenröder Schützenhause versammelt. (…) Die auswärtigen Stahlhelmgruppen seien wie auch früher schon mit Lastkraftwagen nach hier gekommen, aber vor dem Neustädter Tor ausgestiegen, um die Bevölkerung nicht zu beunruhigen und auf Umwegen das Schützenhaus zu erreichen. Etwa eine halbe Stunde später marschierten zwei Abteilungen Stahlhelm in Stärke von vielleicht 300 Mann vom Nöschenröder Schützenhaus durch die Burgstraße, Breitestraße, Westernstraße am Monopol vorbei – das sie ungehindert passierten – durch die Ilsenburgerstraße nach der Maulschen Schokoladenfabrik, wo angeblich ihre Kraftwagen standen. Auf dem Rückwege stießen sie an der Henrichsbrücke auf eine Arbeitermenge, welche den Weitermarsch hinderte. (…) Als die Schupo 1 ¾ Uhr eintraf, war bereits durch Verhandlung von Führern des

Stahlhelms mit besonnenen Arbeiterführern eine Verständigung erzielt worden, welche den Abmarsch und die Auflösung der Züge und Massen zur Folge hatte.«

Zurück auf die Straße Am Großen Bleek und bergab gehen, bis links die Lindenbergstraße mündet.

Kreuzkirche

Undatierte Aufnahme

Die im regionalen Fachwerkstil 1873 erbaute Kreuzkirche ist der Sitz der Lutheraner, die 1842 in Wernigerode als Kirchengemeinde der Evangelisch-Lutherischen Kirche Preußens gegründet worden war, um ihre Eigenständigkeit gegenüber reformierten Kirchen behaupten zu können. Die Kanzel von 1611 (aus der St. Nicolaikirche übernommen), die ebenfalls aus der Renaissance stammende Empore sowie das Kastengestühl bestimmen heute den Innenraum der Kreuzkirche, zu dem seit 1945 auch ein Altarkreuz von 1580 hinzukam – ein Geschenk der Glieder der Bekennenden Kirche, die während der NS-Diktatur hier ihre Gottesdienste feiern konnten. Viele kirchliche Rüstzeitgruppen nutzen die Kreuzkirche heute gerne für ihre Andachten.[52]

Bald nach der »Machtergreifung« der Nationalsozialisten 1933 spaltete sich die Evangelische Kirche in die sogenannten Deutschen Christen (organisiert in der Deutschen Evangelischen Kirche DEK), die sich von den Nazis gleichschalten ließen – und in die Bekennende Kirche (BK) in der DEK, die die Naziideologie als nicht vereinbar mit dem christlichen Glauben betrachtete. Letztere gründete sich nach der Bekenntnissynode vom 31.05.1934 in Wuppertal-Barmen, auf der die grundlegende »Theologische Erklärung« verabschiedet wurde.

Die in Wernigerode tätigen evangelischen Pastoren zählten sich mehrheitlich zu den Deutschen Christen, einige waren sehr überzeugte Nazis, einige Mitläufer.

In Wernigerode fand die Gruppe der evangelischen Christen, die sich zur BK bekannte, Asyl bei der Selbständigen Evangelisch-Lutherischen Gemeinde (SELK), die bis heute in der Kreuzkirche beheimatet ist. Die SELK gehörte und gehört nicht zu den evangelischen Landeskirchen und unterstand dadurch nicht der Verwaltung der DEK. Dieses Stück Unabhängigkeit schuf die Möglichkeit, der Bekenntnisgemeinde Räumlichkeiten zur Verfügung zu stellen. Die Räumlichkeiten in den anderen evangelischen Kirchengemeinden oder in außerkirchlichen Räumen waren ihr verschlossen. Das Asyl beschränkte sich allerdings allein auf die Nutzung der Kirche und des Gemeindesaales.

1934 führte der Superintendent i. R. Wilhelm Eiselen (1858-1947) einen Schriftwechsel mit Berlin-Dahlem – wahrscheinlich mit Pfarrer Martin Niemöller (1892-1984) – darüber, was bei einer Gruppe der Bekennenden Kirche an Vorkehrungen bei Gottesdiensten bzgl. möglicher Überwachung zu beachten sei. In Berlin-Dahlem saß der Bruderrat der BK Deutschlands. Dieser war deren oberstes Leitungsgremium. Eine Frage war z. B., ob es bei den Gottesdiensten sozusagen Eingangskontrollen geben solle. Das wurde aber nicht empfohlen, da die BK sich nicht als illegal, sondern in Übereinstimmung mit dem Evangelium sah.

Der erste Bekenntnisgottesdienst in Wernigerode fand am 07.10.1934 statt, zu dem man allerdings nur mit Einladungskarten Zutritt hatte. Am 23.10.1934 konnte noch im großen Saal des ehemaligen →Gewerkschaftshauses »Monopol« ein Vortragsabend mit dem Titel »Ist das Evangelium in Gefahr?« stattfinden, an dem etwa 400 Leute teilnahmen.

Die Gemeinde hatte im Durchschnitt etwa 135 Mitglieder, die allerdings nicht allein aus Wernigerode kamen. Im Kirchenbuch sind für den Zeitraum 1934 bis 1949 insgesamt 281 Mitglieder verzeichnet. Aus dem Jahr 1935 wird berichtet, dass zu den Gottesdiensten 150 bis 200 Personen kamen, teilweise sogar mehr.

Die Gestapo war offenbar ständiger Beobachter. Es ist überliefert, dass die Gestapo im Jahr 1940 die gesamten Kollekteneinnahmen eines Monats konfiszierte, weil der Bekenntnisgemeinde im Gegensatz zu den »normalen« Gemeinden eine öffentliche Geldsammlung untersagt war. Gemäß ihren Überzeugungen, was christlicher Glaube bedeutet, fanden in der Bekenntnisgemeinde auch jüdische Mitglieder Aufnahme und Hilfe.

Die Bekenntnisgemeinde existierte bis 1947. Laut Kirchenbuch gab es sogar bis 1949 Aufnahmen. Der Bruderrat, das Leitungsgremium der Gemeinde, löste sich erst 1951 auf. Man war offenbar skeptisch, ob die evangelischen Kirchen der Nachkriegszeit einen wirklichen Neuanfang nach der unevangelischen Bindung der Amtskirche an die Nazis finden würden.[53]

> Weiter bergab rechts in den Kreuzberg gehen, dann gleich wieder links am Haus Nummer 1 vorbei. Am Ende der Straße über die Brücke nach links in die Promenade biegen.

Promenade 10c

Hier lebte zuletzt **Karl Freidank**, der am 24. März 1897 geboren wurde und am 20. November 1968 starb (Bild aus dem Jahr 1946).

Als es nach dem Zweiten Weltkrieg darum ging – nicht nur – das Leitungsnetz der Wernigeröder Stadtwerke wieder herzustellen, erwarb sich Freidank Verdienste, denn ab August 1945 übernahm er kommissarisch die Leitung der Stadtwerke. Seit 1911 war er zuvor als Freileitungsmonteur im »Lichtwerk Nöschenrode«, der heutigen Ringerhalle, an der Promenade tätig und hatte, als das Werk im Zuge der Eingemeindung 1929 von der Stadt übernommen worden war, bei den Stadtwerken weitergearbeitet. Er gehörte da dem Verwaltungsrat an und wurde 1933 mit zwanzig anderen Kollegen von den Nazis fristlos entlassen, weil er Sozialdemokrat war.

Noch bei den Kommunalwahlen im November 1929 war der Nöschenröder in den Wernigeröder Kreistag gewählt worden. Karl Freidank gehörte zu den 81 Sozialdemokraten, die am 24.06.1933 von der SA durch die Stadt getrieben und in der →»SA-Führerschule« misshandelt wurden.

Nach 1945 trat Karl Freidank der SPD wieder bei und arbeitete mit 30 anderen Persönlichkeiten auch im Antifa-Volksblock Wernigerode mit, der sich mit der Entnazifizierung beschäftigte. Nach der Zwangsvereinigung mit der KPD wurde Freidank als SED-Mitglied (zunächst als Nachrücker) in die Stadtverordnetenversammlung gewählt, der er dann bis 1968 angehörte.

Nachdem Freidank 1945 seine Arbeit bei den Stadtwerken an führender Stelle wieder aufgenommen hatte, organisierte er eine eigene zusätzliche Stromerzeugung für Wernigerode. Der Hintergrund dafür war, dass die Stromabschaltungen, die in den ersten Nachkriegsjahren notwendig waren, natürlich eine Belastung für die Bevölkerung bedeuteten. In den Kalkwerken Elbingerode hatte Karl Freidank eine Dampflokomobile ausfindig gemacht und unter schwierigen Bedingungen auf das damalige Stadtwerksgelände in der Feldstraße gebracht. Karl Freidank blieb bis zu seinem Ausscheiden aus Altersgründen im Unternehmen – als Betriebsstellenleiter und Meister des Bereichs Wernigerode des Netzbetriebes Halberstadt, zu dem die Stadtwerke seit 1954 gehörten. Im Jahr 1966 erhielt er den »Ehrenpreis der Stadt Wernigerode«. Karl Freidank hinterließ der Stadt das Grundstück Promenade 10c.

Der Promenade weiter folgen bis zur Schönen Ecke.

Stadt Stolberg / Bauders Klause, Schöne Ecke 15

Das zuletzt heißende Restaurant »Zur Schönen Ecke« (Schöne Ecke 15) hat eine lange Tradition in der Geschichte der Wernigeröder Arbeiterbewegung. Heute befinden sich dort Ferienwohnungen.

Am 08.03.1869 fand im damaligen Lokal »Stadt Stolberg« eine Versammlung des Allgemeinen Deutschen Arbeitervereins (ADAV) statt. Am 18.02.1869 hatten sich im →Wernigeröder Schützenhaus erstmals Interessierte beim ADAV eingeschrieben. »Ortsvereine« ließen die Statuten des ADAV nicht zu – die Mitglieder gehörten direkt dem Verein mit Sitz in Berlin an. Eine Anzeige im »Wernigeröder Intelligenzblatt« kündigte an, dass »jeden Montag, abends 8 Uhr die Mitglieder-Versammlung des Alg. Deutschen Arbeiter-Vereins im Lokale des Herrn Brand zur ›Stadt Stolberg‹« stattfinden wird.

Auch der am 01.03.1869 gegründete »Maurer-Fachverein«, die erste gewerkschaftliche Vertretung von Arbeitern in Wernigerode, fand im »Stadt Stolberg« die Möglichkeit, sich zu versammeln. Am 17.03.1869 lud der »Allgemeine deutsche Maurer-Verein zu einer Mitgliederversammlung in das Locale des Gastwirths Herrn Brandt in ›Stadt Stolberg‹. Collegen des Maurer-Gewerks, als: Steinhauer, Steinsetzer, Dachdecker und Ziegelbrenner, welche dem Vereine beitreten wollen, sind (…) freundlichst eingeladen.« Das »Wernigeröder Intelligenzblatt« riet den Maurern übrigens: »Ja, wir fürchten, wenn es erst einmal bekannt wird, daß die Mehrzahl der hiesigen Maurer einem solchen Verein beigetreten ist, und daß sie damit gezeigt hat, wie sie zu solchen Arbeitseinstellungen geneigt ist, so wird dieser Umstand allein schon genügen, um manche Leute, welche jetzt zu ihrem Vergnügen oder aus Speculation bauen, ganz und gar davon abzuschrecken, und es wäre daher ein solcher Weg das sicherste Mittel, um dem Mauerergewerk und zugleich allen Bauhandwerken dauernden Schaden zu bringen.«

Erst für die Zeit nach der Novemberrevolution 1918 sind Aktivitäten der Arbeiterbewegung im »Stadt Stolberg« wieder nachweisbar. Am 29.04.1919 gründete sich hier der SPD-Ortsverein Nöschenrode. Bis dahin bildeten dort die Sozialdemokraten eine eher lose Vereinigung. Die nun »regelmäßigen Zusammenkünfte wurden für jeden letzten Freitag im Monat im Lokal ›Stadt Stolberg‹ festgesetzt«, hieß es in einer Pressemitteilung im »Wernigeröder Tageblatt«. Und: Dort schloss auch die Geschichte des SPD-Ortsvereins Nöschenrode: Das Protokollbuch des Ortsvereins endet mit dem Bericht von einer Versammlung am 01.03.1930, in der im Zuge der 1929 erfolgten Eingemeindung Nöschenrodes nun auch der Anschluss an den SPD-Ortsverein Wernigerode beschlossen wurde.

Schon im Jahr 1919 war das »Stadt Stolberg« übrigens umbenannt worden. Nach seinem Wirt Wilhelm (1875-1935) und dessen Frau Pauline (auch Paula) Bauder (1883-1967) hieß das Lokal nun »Bauder's Gaststätte Zur Klause«, kurz: »Bauders Klause«.

Wilhelm Bauder mit einem Schornsteinfeger in den 1920er Jahren

Im Saal des Hauses entstand Anfang November 1909 mit dem »Germania«, das sich bis etwa 1922 hielt, das zweite Lichtspieltheater in der bis 1929 selbstständigen Gemeinde Nöschenrode, die hier unmittelbar an Wernigerode grenzte. Das erste, täglich Filme präsentierende Kino begrüßte im damaligen Hotel »Goldener Hirsch« in der heutigen Nöschenröder Straße 4 eine Woche zuvor (jedoch nur bis Anfang 1910) die ersten Gäste. In Wernigerode selbst gilt das »Welttheater«, noch im Dezember 1909 entstanden und im damaligen Hotel »Zum Bären« (Breite Straße 78) betrieben, als erstes Kino.

> Über die Brücke gehen, dem Bach in Fließrichtung folgen bis zur nächsten Brücke.

Wernigeröder Kurhaus, Schöne Ecke 10 – heute: Stadtgarten

Im Jahr 1876 wurde eine neue Gaststättenanlage eingeweiht, die den Namen »Kurhaus Wernigerode« trug und den größten Saal der Stadt hatte – später, ab 1935, bekannt als »Stadtgarten«. Im Jahr 1925 ging das Haus in städtischen Besitz über.[54]

Das Kurhaus im Jahr 1926 – von der Brücke aus gesehen

Nach der Novemberrevolution sprach am 05.12.1918 der Magdeburger Stadtverordnete Friedrich Henneberg (1872-1952), wobei »der seitens des sozialdemokratischen Vereins und des Gewerkschaftskartells zu dieser Versammlung ergangenen Einladung derartig zahlreich nachgekommen war, daß die weiten Räume des Kurhauses überfüllt waren«, wie das »Wernigeröder Tageblatt« schrieb. Ähnliches wurde über eine Wahlversammlung am 10.01.1919 mit dem Chefredakteur der sozialdemokratischen »Volksstimme« in Magdeburg, Paul Bader (1865-1945), berichtet: »Der große Saal gedrängt voll, Kopf an Kopf, bis dicht um das Rednerpult, die offene Bühne voll, die Galerie voll, die Nebenräume vollgestopft, bis ins Freie standen die von Anfang bis Ende spannend lauschenden Zuhörer und viele, viele, die nicht zeitig genug erschienen waren, mußten wieder umkehren, weil nichts mehr von den Worten des Redners zu erhaschen war.«

Der Erste Mai 1919 wurde zum ersten (und in der Weimarer Republik zum einzigen) Mal als landesweiter Feiertag begangen. Als es gegen 15:30 Uhr zu regnen begann, wurde, wie das »Wernigeröder Tageblatt« vermeldete, die Feier in die drei Säle →»Volksgarten«, →»Wernigeröder Kurhaus« und →»Fürst Bismarck« verlegt. »Im Volksgarten und im Kurhaus sangen der Gesangsverein ›Liederbund‹ und der ›Frauenchor‹, deren Vorträge lebhaften Beifall hervorriefen. Der Turnverein ›Vorwärts‹ sorgte ebenso in beiden Lokalen für Unterhaltung durch seine turnerischen Vorführungen und wurde herzhaft applaudiert. In allen den Lokalen wirken dann noch 4 Radfahrer der ›Solidarität‹, indem sie einen hübsch durchgeführten Reigen fuhren. Im Kurhaus trug vor allem der Verein ›Frohsinn‹ durch Aufführung dreier Einakte sehr zur Hebung der Stimmung bei.«

Während des Generalstreiks gegen den Kapp-Putsch wurde das »Kurhaus« ebenfalls genutzt: Am 14.03.1920 war eine »Volksversammlung« im →»Volksgarten« geplant. Der Zustrom war aber so groß, dass der Saal nicht ausreichte und deshalb wurde beschlossen, zum dann auch überfüllten »Wernigeröder Kurhaus« zu marschieren.

Nach der Reichstagswahl im Mai 1928 kam es zum Durchbruch der NSDAP in Wernigerode, als der ehemalige Pastor Münchmeyer (1885-1947) aus Borkum im vollbesetzten »Kurhaus« für die Nazis sprach. In der hiesigen Bevölkerung gab es einen großen konfessionell gebundenen Teil. Auch unter der Arbeiterschaft gab es wegen der nicht gänzlich erfolglosen Bemühungen des Grafen-/Fürstenhauses, sozialdemokratische Ideen mit kostenlos verteilter religiöser Literatur zu bekämpfen, eine gewisse Offenheit gegenüber religiösen Würdenträgern. Dies nutzte die NSDAP nunmehr erfolgreich aus.

Als am 15.01.1931 mit Anton Franzen (1896-1968) der NSDAP-Staatsministers für Inneres und Bildung des Landes Braunschweig im Saal des »Kurhauses« sprechen sollte, schrieb das »Halberstädter Tageblatt«: »Das Reichsbanner Wernigerode veranstaltete gestern einen Aufmarsch in einer Stärke von 1000 Mann. Es war beabsichtigt, die Versammlung der Nazi im Kurhaus aufzusuchen, und dort einen Redner für die Diskussion zu stellen. (…) Selbstverständlich wollte jeder, der die Versammlung besuchte, das übliche Eintrittsgeld bezahlen. Als der erste Mann sein Eintrittsgeld entrichtet hatte, ergriffen die Nationalsozialisten Stühle und schlugen auf die im Türrahmen Stehenden ein, so daß einige Reichsbannerleute Verletzungen davontrugen. (…) Es sind die hauptsächlichsten Schläger bekannt. (…) Daß es nicht zu einem Sturm auf den Saal kam, ist der Disziplin der Reichsbannerleute zu verdanken. (…)«

Über die Brücke gehen, die Johann-Sebastian-Bach-Straße queren, dem Verlauf nach links folgen, bis der Teichdamm rechts abbiegt. Dieser Straße folgen bis kurz vor der Blumenuhr links die Klintgasse mündet. Dort hineingehen links am »Schiefen Haus« vorbei zum Klint. Geradeaus links am Harzmuseum vorbeigehen.

Kontaktlinse, Oberpfarrkirchhof 6

Am 18.09.1989 wollten Studenten des →»Katechetischen Seminars«, wie Cristina Schulz und ursprünglich auch der dann allerdings im August über Ungarn nach Westdeutschland geflohene Stefan Hilchenbach sowie Aktivisten des Wernigeröder »Friedenskreises«, wie Ludwig Hoffmann, in der »Kontaktlinse«, dem »Diensthaus« des Jugendpfarrers Karl-Heinz Nickschick, einen Ableger der Berliner »Umweltbibliothek« gründen. Das »Kulturprogramm« sollte der Wernigeröder Liedermacher Ralf Mattern, dessen Band »Flexibel« mit einem Auftrittsverbot belegt war, gestalten.

Das Pfarrhaus im Jahr 1963

Durch die damalige Dynamik der gesellschaftlichen Krise in der DDR stand jetzt jedoch die Gründung des Neuen Forum an. Etwa zwei bis drei Dutzend Leute hatten sich dort versammelt.[55] Wie sich herausstellte, gab es zwei Fraktionen der Anwesenden: Eine, die unbedingt in die BRD ausreisen wollte und eine Gruppe – und das waren die Leute, die tatsächlich jahrelang unter persönlichen Risiken auf die Revolution im Herbst hingearbeitet hatten – die den Aufruf des Neuen Forum diskutierte und ihn zum Unterschreiben vorlegte. Der Aufruf wurde von 16 der Anwesenden unterzeichnet, wie sich Pfarrer Peter Lehmann erinnert: »Diese Liste sollte noch in der gleichen Nacht per Kurier nach Magdeburg und von dort nach Berlin gebracht werden, weil am 19.09.1989 das Neue Forum ordentlich beim Innenministerium in Berlin angemeldet wurde (und dann am 21.09.1989 per Pressemeldung verboten wurde). Die Liste ist offenbar im Wust von Bärbel Bohley, Hans-Jochen Tschiche u. a. in Berlin untergegangen. Möglicherweise ist sie auch gar nicht in Berlin bei den Gründern des Neuen Forum angekommen oder auch nicht an jemanden weitergegeben worden.[56] Erst nach dem Verbot durch das Innenministerium ging es dann daran, dezentral an vielen Orten Gruppierungen des Neuen Forum zu bilden. Und das geschah am 24.10.1989 in der Liebfrauen- und in der Sylvestrikirche mit dem Text ›Neues Forum – Wernigerode‹, der mit dem gleichen Satz des Berliner Aufrufs beginnt, im Text davon teilweise abweicht, aber ebenso schließt: ›Die Zeit ist reif.‹[57] Tatsächlich fanden sich die erste und weitere Unterschriftslisten des Neuen Forum Wernigerode im Jahr 2020 im Archiv der Robert-Havemann-Gesellschaft Berlin.

Man einigte sich darauf, sich jede Woche dienstags erneut zu treffen und bis dahin den Aufruf des Neuen Forum wie auch immer bekannt zu machen. Am 26. September waren die Räume der »Kontaktlinse« schon fast überfüllt. Etwa doppelt so viele Leute wie beim ersten Mal wollten nun den Gründungsaufruf des Neuen Forum unterzeichnen. Eine weitere Woche später, am 3. Oktober, dem Tag, an dem die Grenze zur CSSR geschlossen wurde, konnten die Räumlichkeiten am Oberpfarrkirchhof die interessierten Bürger nicht mehr fassen. Um zu zeigen, dass man zwar das Neue Forum als Organisation, nicht aber die Gedanken, die dahinter stehen, verbieten kann, spazierten am 7. Oktober, dem »Tag der Republik«, vornehmlich junge Oppositionelle mit selbst gebastelten Button durch die Stadt.

Das Ende der »Kontaktlinse« als Treffpunkt des Neuen Forum wurde am 10. Oktober eingeläutet: Als vor lauter Interessierten das Haus am Oberpfarrkirchhof kaum noch zu erreichen war, verabredete man sich am Mittwoch, dem 11. Oktober, ins Evangelische Altenheim →»Harzfriede« im Mühlental, um im dortigen Saal diskutieren zu können.

Über die Stufen Richtung Kirche gehen und dort nach rechts
zum Eingang wenden.

Sylvestrikirche

Die Gründung der Sylvestrikirche geht auf die Missionstätigkeit der
Benediktiner des Kloster Corvey/Weser zurück. Von dieser ersten
kleinen Kirche ist nichts mehr erhalten. Doch von dem nachfolgenden kreuzförmigen, dreischiffigen romanischen Bau (um 1100) stehen noch die Pfeiler im Innern der Kirche. Die letzten großen bauli-
chen Veränderungen erfuhr sie 1881-1886, wobei der neogotische
Turm entstand. Die ursprünglich romanische Flachdecke wurde aus
statischen Gründen wieder eingezogen und kommt der Akustik besonders bei Kirchenkonzerten zugute. In der Kirche befinden sich
viele außergewöhnliche Kunst- und Gebrauchsgegenstände, z. B.
zwei Glocken von 1297 und 1500, Epitaphien aus fünf Jahrhunder-
ten, Textilien (ab 1520), ein Eichbohlenschrank (13. Jahrhundert),
eine Barockorgel von 1790. Der gotische Altar (Brüssel 1480) in Verbindung mit einem Kruzifix (um 1300) zieht die Blicke auf sich.[58]

Undatierte Aufnahme

76

Die Kirche war ab Mitte der 1980er Jahre ein Zentrum der Opposition. Sowohl der 1984 gegründete »Friedenskreis«, als auch die zum Jahreswechsel 1987/88 gebildete »Arbeitsgruppe für Rechtsverwirklichung« traf sich u. a. hier. Dem »Friedenskreis«, der entstanden war aus der Anfang der 1980er Jahren aus den Niederlanden kommenden Idee der »Friedensdekade«, die in den Tagen vor dem Buß- und Bettag begangen wurde, und die die Bedeutung des Friedens in der Zeit des damaligen Wettrüstens der großen Militärblöcke thematisierte, fühlten sich bis zu dreißig Personen zugehörig.[59] Er löste sich im ersten Halbjahr 1990 auf.

Die »Arbeitsgruppe für Rechtsverwirklichung« entstand aus dem »Friedenskreis«. Initiatoren waren Dieter Lubowicki und Pfarrer Gottfried Werther (1932-2017), der Siegfried Siegel diesbezüglich ansprach. Siegel war federführend in dem Gremium, das sich aus etwa 30 Ausreisewilligen und vier Personen, die, wie auch Siegel, bleiben wollten, zusammensetzte. Mit der Grenzöffnung im November 1989 hatte sich der Zweck dieses Zusammenschlusses, nämlich die kirchliche/seelsorgerische und die rechtliche Betreuung der Ausreisewilligen, erübrigt.[60]

Im Herbst 1989 fanden in St. Sylvestri auch Veranstaltungen des Neuen Forum statt. Die Führungsgruppe im Volkspolizeikreisamt Wernigerode erstellte (in mäßiger Rechtschreibung und Grammatik) folgenden Bericht[61]: »Am 24.10.89 in der Zeit von 20.00 Uhr bis 22.00 Uhr fanden Veranstaltungen in der Liebfrauenkirche Wernigerode, sowie in der Silvestriekirche Wernigerode des sogenannten Neuen Forums sowie sympathisierender Personen statt. Da die Liebfrauenkirche mit ca. 1100 Personen voll besetzt war, wurden ca. 200 Personen zu einer Paralelveranstaltung in die Silvestrykirche verwiesen. (…) Innerhalb der Silvestrykirche befanden sich drei Transparente mit den Aufschriften ›Streikrecht‹, ›Rechtsfragen‹ und ›Demokratie‹. 21.45 Uhr waren die Veranstaltungen in beiden Kirchen beendet. Es formierte sich ein Marschblock an der Liebfrauenkirche sowie lose Gruppen, die sich (…) zum Markt begaben. (…) Ca. 300-400 Personen kamen auf dem Marktplatz an; die Teilnehmer aus der Silvestrykirche kamen, Lieder aus der Buergerrechtsbewegung der USA, in englischer Sprache, singend aus einer Entfernung von etwa 300 Meter ueber den Oberpfarrkirchhof und die Klintgasse zum Markt hinzu. (…) Auf dem Markt wurde eine Schweigeminute abgehalten (…) Zu den inhaltlichen Fragen der Zusammenkuenfte in den Kirchen wird entsprechend dem Informationsaufkommen Material aufbereitet.«

Gegenüber dem Eingang der Kirche die Treppe, die zur Hauptstraße führt, hinuntergehen. Die Straße Richtung Sporthalle queren und an ihr links vorbei über die Brücke in die Straße An der Flutrenne gehen. Dort rechts halten.

Wernigeröder Schützenhaus, An der Flutrenne 6

Im Jahr 1817 wurde hier das »Städtische Schützenhaus« errichtet. 1883 brannte das Haus nieder. Ein Jahr später wurde der Neubau, nun mit einem Saalbau, eingeweiht. Im Jahr 1902 mussten die Schützen aus Sicherheitsgründen ihren Schießplatz hier aufgeben. Am Ziegelberg entstand 1903 das »Neue Städtische Schützenhaus«. Der Gebäudekomplex An der Flutrenne wurde Gaststätte. 1919 erwarb Wilhelm Böhling (1873-1934) das Gasthaus, der den Saalbau zum sich noch heute dort befindenden Kino umbaute. Das Kino verkaufte Böhling 1922, die Gaststätte »Altes Schützenhaus« verpachtete er ab 1927.[62] Zu DDR-Zeiten war dort der Hort der Pestalozzi-Schule, einer Förderschule, untergebracht.

Das Schützenhaus im Jahr 1920

Zum 18.02.1869 lud der Halberstädter Carl Naters (Lebensdaten unbekannt), Bevollmächtigter des ADAV, zu einer ersten Versammlung der Arbeiter in das Schützenhaus. Der Tag gilt somit als Geburtsstunde der sozialdemokratisch organisierten Arbeiterbewegung in Wernigerode. Am 22.02.1869 trat der ADAV erneut an die Öffentlichkeit. Mit hunderten Besuchern war der Saal des Schützenhauses überfüllt. Am 18. Februar traten 27 Personen dem ADAV bei, am 22. Februar weitere 94. Nach einigen Versammlungen im Lokal →»Stadt Stolberg«, wurde es bis zum 08.12.1872 still in der Arbeiterbewegung, als der neue Versuch »zur Gründung einer Mitgliedschaft des Allgemeinen Deutschen Arbeitervereins« im Schützenhaus scheiterte. Im Bericht des zuständigen Polizeikommissars heißt es: »Gleich nach der Eröffnung der Versammlung durch den zum Vorsitzenden gewählten Cigarrenmacher Gust. Schmidt entspann sich ein fortwährendes Hin und Herzanken. (…) Um ½ 6 Uhr hatte der Tumult seinen Höhepunkt erreicht, in dem (…) eine allgemeine Schlägerei auszubrechen drohte, in diesem Augenblicke erklärte ich die Versammlung für aufgehoben.«

Um das Bismarcksche »Sozialistengesetz« zu umgehen, gründeten sich überall »Volksbildungsvereine«, in denen auch politische Arbeit und Agitation betrieben wurden. Auf einer Versammlung im Schützenhaus am 25.02.1883, sprach der Halberstädter Sozialdemokrat und spätere Reichstagsabgeordnete August Heine (1842-1919). Nicht alle Gäste fanden wegen des Andrangs Einlass. Das Ergebnis dieser Versammlung war die Bildung eines einstweiligen Komitees aus allen Berufsklassen, in der allerdings die Zigarrenarbeiter überwogen, zur Gründung eines Volksbildungsvereins.

Im Jahr 1890 sollte zum ersten Mal in Wernigerode – wie in anderen Städten des Deutschen Reiches – der Erste Mai begangen werden. Der Einberufer benannte als Ort in der Anzeige das städtische Schützenhaus und als Thema: »Zweck und Nutzen der achtstündigen Arbeitszeit«. Jedoch konnte, laut »Wernigeröder Tageblatt«, die »für den Abend angekündigte Arbeiterversammlung (…) nicht stattfinden, weil das Lokal nicht zur Verfügung stand«. Wilhelm Niewerth (1863-1950), einer der Väter der hiesigen Arbeiterbewegung, erinnerte sich 1921 an jene Zeit zurück: »Unser erstes Lokal war das Schützenhaus; doch die anderen Vereine erzwangen, daß wir hier nicht mehr tagen durften.«

Während des Ersten Weltkrieges fanden im nun »Alten Schützenhaus« zwar etliche Versammlungen der SPD, so mit dem Reichstagsabgeordneten Alwin Brandes (1866-1949), statt. Und auch der Zusammenschluss von USPD und SPD (bereits am 13.01.1921 erfolgt und damit über ein Jahr, bevor dies landesweit geschah) wurde im »Alten Schützenhaus« vollzogen. Doch etwa ab 1923 wurde das »Alte Schützenhaus« Parteilokal der sich nun organisierenden Nationalsozialisten, denen auch Inhaber Böhling angehörte. Bei einem ersten Versuch 1925, in die Arbeiterbewegung einzubrechen, wurden 400 Postkarten an Wernigeröder als Einladung zu einer Versammlung verschickt. Als Reaktion fanden die Nazis vor ihrem Versammlungslokal Arbeiterposten, die den Eingang kontrollierten, und im Raum ganze 30 Zuhörer, d. h. fast die gesamte NSDAP-Ortsgruppe.[63]

> Die Straße weiter Richtung Salzbergstraße gehen.

Karl-Marx-Denkmal, Ecke An der Flutrenne / Salzbergstraße

Es handelt sich aller Wahrscheinlichkeit nach um eines der ersten Karl-Marx-Denkmale in ganz Deutschland und wurde »im Karl-Marx-Jahr 1953« (70. Todestag von Marx) am 7. November anlässlich des Jubiläums der »Großen Sozialistischen Oktoberrevolution« eingeweiht. Am 27.03.1953 hatte die SED-Kreisleitung Wernigerode den Beschluss gefasst, den Entwurf für eine Karl-Marx-Büste in Auftrag zu geben.[64]

Arbeitseinsatz im Jahr 1976

Bereits im Jahr 1926 war dieser Ort im Gespräch für ein Denkmal. Das SPD-nahe »Reichsbanner Schwarz-Rot-Gold« stellte hierzu am 20.07.1926 einen Antrag an den Magistrat der Stadt, ein Denkmal für den verstorbenen Reichspräsidenten Friedrich Ebert (1871-1925, SPD) und die von Rechtsextremen ermordeten Matthias Erzberger (1875-1921, Zentrum) und Walther Rathenau (1867-1922, DDP) zu errichten – an jener Stelle, wo sich heute das Karl-Marx-Denkmal befindet.[65] Unter der Überschrift »Wernigeröder Stadtparlament – Sitzungsbericht vom 28. September 1926« berichtete das »Wernigeröder Tageblatt« unter anderem: »Eine lebhafte Debatte ruft der Antrag des Reichsbanners hervor auf Ueberlassung eines Platzes und eines Findlings für ein Ehrenmal für Ebert, Rathenau und Erzberger. Als Platz waren die Anlagen am Westerntor gegenüber dem Gewerkschaftshaus geplant. Die Baudeputation schlug einen Platz in den Anlagen am Neustädter Burgberg vor. [Der bürgerliche] Stadtv. Michael bedauert den Antrag (inzwischen abgeändert: Denkmal nur für den ersten Präsidenten des Reiches, Friedrich Ebert) und führt dazu aus, daß dieser Antrag die Politik in die Versammlung trage, während die Stadtverordneten sich gerade von Politik freihalten und positive Gemeinschaftsarbeit leisten wollen. (…) [Der erste Bürgermeister] Dr. Gepel führte aus, daß bereits eine weitere Denkmalserrichtung geplant sei, ein Schlagetergedenkstein. Der Magistrat stände allen Anträgen ablehnend gegenüber, weil der Magistrat jede Einmischung ins Politische vermeidet, selbst den Anschein einer Einmischung vermeiden muß. [Der bürgerliche] Stadtv. Köllner lehnt namens seiner Fraktion auch ab und bringt gleichzeitig einen neuen Vorschlag. In der Bürgerschaft würde es schon lange als empfindliche Lücke empfunden, daß noch kein würdiges Denkmal für unsere Gefallenen aus dem Weltkrieg bestände. Das Denkmal auf dem Hasseröder Friedhof wäre sehr schön, aber doch gewissermaßen nur für einen Ortsteil; für eine Stadt wie Wernigerode genüge das nicht. (…) Dr. Gepel widerspricht sehr lebhaft den Ausführungen des Vorredners über das Gefallenen-Denkmal. Es käme bei solchem Denkmal nur auf den Geist an, mit welchem man die geweihte Stätte besuche, nicht auf die Größe oder Höhe eines Obelisk oder sonstigem Bauwerkes aus Stein oder Hain. Der Magistrat lehne daher ein neues Denkmal in der Stadt entschieden ab. [Der SPD-] Stadtv. Salzwedel spricht seine Verwunderung über die gehörten Ansichten betr. Ebert-Denkmals aus. Wenn Ebert, Rathenau und Erzberger nicht gewesen wären, stände das deutsche Reich heute nicht mehr, und aus diesem Grund wolle man ein Denkmal setzen. Das hätte mit den früheren Denkmälern nichts zu tun. Zudem wäre das Denkmal für Ebert keine politische Sache, sondern es gelte dem ersten Präsidenten des deutschen Volkes. Die S.P.D.-Mitglieder zögen den Antrag nicht zurück, er glaube auch nicht, daß das Reichsbanner den Antrag zurücknehme.« Der Antrag fand letztlich keine Mehrheit.

Die beiden anderen Anregungen hatten jedoch (spätere) Folgen: 1933, zum zehnten Todestag Albert Leo Schlageters (1894-1923), eines terroristischen Mitglieds der NSDAP-Tarnorganisation Großdeutsche Arbeiterpartei, wurde ein Gedenkstein auf dem Hof des Gymnasiums errichtet. Der Stein steht noch heute – die Inschrift mit dem Hinweis auf Schlageter wurde 1946/47 entfernt. Ein eigenes »Gefallenen-Denkmal« wurde allerdings nicht errichtet. Zwar wurde 1926 in der Promenade ein Denkmal eingeweiht – dies betraf aber nur die Gefallenen der zu jenem Zeitpunkt noch selbstständigen Gemeinde Nöschenrode. 1928 wurden dann jedoch an der Ostseite der →Sylvestrikirche von der Kirchgemeinde Gedenksteine und ein Kreuz für die Gefallenen des Ersten Weltkrieges errichtet.

> Zum großen, gegenüber liegenden Gebäude blicken.

Gewerkschaftshaus »Monopol«, Salzbergstraße 2

Am 26.04.1876 wurde das »Pension- und Gesellschaftshaus« als neue Gaststätte eröffnet. Bei einem Brand 1881 wurde der dahinterliegende Saalbau vernichtet, 1882 etwas zurückversetzt neu errichtet und ist im Grundbau bis in das Jahr 2009, als er dann abgebrochen wurde, erhalten geblieben. Am 15.05.1896, nach einer Umbauzeit von etwa 30 Wochen, wurde das neue Haus als Hotel »Monopol« in seiner heutigen Form eröffnet.[66]

Bevor 1893 der →»Volksgarten« Treffpunkt der Arbeiterbewegung wurde, versuchten die Sozialdemokraten »in einem kleinen Zimmer des Hotels Monopol unterzukommen. Aber bald wurden wir auch von hier aus in die kleine Keglerstube gedrückt.«, berichtete Zeitzeuge Wilhelm Niewerth (1863-1950) anlässlich des 1921 von den hiesigen Gewerkschaften erworbenen »Monopol«, das unter dem Namen »Gewerkschaftshaus Monopol GmbH« fortgeführt wurde. Dieser Kauf gilt als der erste Hotelbesitz deutscher Gewerkschaften, bei dem das Haus als Hotel fortgeführt wurde.[67] Gewerkschafter und Parteimitglieder konnten Anteilscheine erwerben. Die Einweihung des Gewerkschaftshauses fand am 22.01.1921 statt.

Ausschnitt eines Anteilscheins mit der Abbildung des Hauses

Zwar wurde auch schon zuvor gelegentlich das »Monopol« für Veranstaltungen genutzt. So z. B. im Juli 1917 mit dem SPD-Reichstagsabgeordneten Alwin Brandes (1866-1949), der im Januar 1919 dann an gleicher Stelle für die erstmals in Wernigerode auftretende USPD warb, der er (zwischenzeitlich) angehörte. Auch im Rahmen des Generalstreiks während des Kapp-Putsches im März 1920 fanden Kundgebungen im Saal des »Monopol« statt. In der Weimarer Republik wurde das »Monopol« dann jedoch zur Basis der Arbeiterbewegung von Wernigerode. Mai- und Revolutionsfeiern fanden hier ebenso statt, wie ab 01.07.1922 die dritte Reichskonferenz des Verbandes der Arbeiterjugendvereine in Deutschland. Über die Begrüßungsfeier im Gewerkschaftshaus »Monopol« berichtete das »Wernigeröder Tageblatt«: »Neben den vereinigten Arbeiter-Männerchören und ebenso den vereinigten Frauenchören von Wernigerode hatten (…) das Stadtorchester Steinbrecher mit einer kleinen Hauskapelle von 7 Mann und (…) ein zuvor in Blankenburg gastierendes Liederquartett des Berliner Arbeiter-Gesangvereins ›Fichte‹ die Anwesenden unterhalten. Hierfür gab es genauso begeisterten Beifall, wie für das Festspiel ›Walpurgisspuk‹. (…) Der Vorsitzende der Arbeiter-Jugendvereine Deutschlands, der Jugendgenosse Max Westphal, ergriff das Wort.«

Neben Gewerkschaften und Parteien fanden auch Vereine der Arbeiterbewegung im »Monopol« ihr Domizil: Am 05.11.1922 gründete sich dort eine Gruppe des Arbeitersamariterbundes, die Sozialistische Arbeiterjugend hatte hier ebenso ihr Büro, wie das im Juli 1924 in Wernigerode gegründete »Reichsbanner Schwarz-Rot-Gold« oder der Arbeiter-Radio-Bund. 1926 wurde ein Aufenthalts- und Leseraum für Jugendliche und auch ältere interessierte Erwerbslose geschaffen.

Hochkarätige Redner sprachen im »Monopol«, wie z. B. das ADGB-Bundesvorstandsmitglied Alexander Knoll (1864-1955), die bekannten SPD-Parlamentarier Ernst Heilmann (1881-1940), Minna Bollmann (1876-1935), Reichstagspräsident Paul Löbe (1875-1967) und Otto Landsberg (1869-1957).

Weiter von den bisherigen Eigentümern genutzt ging das »Monopol« 1931 wieder in privaten Besitz über. 1933 übernahm die »Hotel Monopol GmbH« mit der Kreisleitung der Nationalsozialistischen Betriebszellenorganisation (NSBO) das Haus. 1935 erwarb der Gastwirt Otto Struckmeyer (1889-1960) das Hotel »Monopol« käuflich. Zum Ende des Zweiten Weltkrieges diente das Hotel als Lazarett.

Im Sommer 1945 sprach Otto Grotewohl (1894-1964) im »Monopol«. Grotewohl trat gegen die Schumacher-Linie (nämlich sich nicht mit der KPD zu vereinigen) auf – war allerdings auch nur für eine »Aktionseinheit« mit der KPD, was ebenso keinen »Zusammenschluss« bedeutete. Am 10.03.1946 fand im »Monopol« die »Vereinigungskonferenz von SPD und KPD« zur SED statt.

1947 übernahm die FDGB-Kreisleitung Wernigerode das ehemalige Hotel von Struckmeyer als Geschäftsstelle. Bis 1957 befand sich hier zudem die Kreisleitung der SED. Der Saalbau wurde anfangs noch als öffentliche Gaststätte »Restaurant Gewerkschaftshaus« weitergeführt, bis 1949 der FDGB-Feriendienst hier die »Verpflegungsstätte Leo Tolstoi« einrichtete. 1990 kaufte die AOK das Gebäude, um hier für etliche Jahre ihre Geschäftsstelle unterzubringen.

Der Salzbergstraße links leicht bergan gehend folgen bis hinter die nach links abbiegende Forckestraße.

Salzbergstraße 11

Hier lebte zuletzt **Paul Eichfeld**, der am 1. Oktober 1889 in Artern geboren wurde und am 5. Dezember 1947 starb (Bild zwischen 1935 und 1943). Eichfeld war der erste sozialdemokratische Landrat im Kreis Wernigerode. Im Ersten Weltkrieg wurde er mehrfach verwundet und verlor seinen linken Arm.

Paul Eichfeld war seit 1931/32 Mitglied der SPD, Anfang 1933 kurzzeitig inhaftiert und zog im Jahr 1934 mit seiner Familie nach Wernigerode. Im Wernigeröder Adressbuch wird als sein Beruf zu jener Zeit »Generalvertreter« angegeben. 1945 schloss er sich wieder der SPD an.

Auf Vorschlag von →Richard Bartels (SPD) und Otto Deutsch (1898-1975, KPD) wurde er nach dem Zweiten Weltkrieg noch im April 1945 von der amerikanischen Besatzungsmacht zum Landrat berufen. Am 31.08.1945 wurde er von deutschen Polizisten verhaftet. Die Umstände sind nebulös. Eine einzige Quelle[68] behauptet, dass Paul Eichfeld förderndes Mitglied der SS gewesen sein soll und »nichts für die demokratische Umgestaltung des Landratsamtes« getan habe. Angeblich habe er sich auch mit →Richard Bartels überworfen. Dieser Streit sei in die Absicht Eichfelds gemündet, sich der KPD anschließen zu wollen – was zumindest den zweiten angeblichen Grund für seine Verhaftung noch unlogischer erscheinen lässt. Ob eine Mitgliedschaft in der KPD je zustande kam, ist nicht bekannt.[69] Sollte es tatsächlich den (politischen) Streit mit Bartels gegeben haben, kann das eigentlich nur zwei Ursachen haben: Zum einen könnte Eichfeld ein Anhänger einer Einheitspartei mit den Kommunisten gewesen sein – das war →Richard Bartels nicht. Zum anderen könnte es unterschiedliche Auffassungen zur Bodenreform gegeben haben: Während die offizielle SPD-Linie eher größere, wirtschaftlich starke Genossenschaften präferierte, wollte die KPD Grundbesitz für Kleinbauern. Die Bodenreform war thematisch bei den Landkreisen angesiedelt, sodass Paul Eichfeld (als Landrat) vielleicht eine andere, vielleicht die kommunistische Meinung vertrat, als seine Partei (und als →Richard Bartels).

Das Amt des Landrates blieb noch bis Anfang 1947 in der Hand von früheren Sozialdemokraten. Zunächst amtierte kurzzeitig →Max Otto, ehe →Hermann Paul Reichardt Landrat wurde.

Allerdings wurde die Kreisverwaltung von Anfang an durch die Kommunisten dominiert – und dies, obwohl die Kommunisten nicht nur in der Stadt Wernigerode, sondern auch im Kreis Wernigerode deutlich in der Minderheit waren: Einer Statistik vom 04.05.1946[70] ist zu entnehmen, dass es im Kreis 6.622 ehemalige SPD-Mitglieder und nur 2.675 ehemalige KPD-Mitglieder gab. Strukturiert wurde die Kreisebene zum 15.10.1945 und damit unter sowjetischer Besatzung. Von neun Amtsleitern (inklusive des stellvertretenden Landrats) waren zunächst sechs, dann sieben ehemalige Kommunisten; bei einem (Alfred Lange, 1894-1962) ist hinter der früheren Parteimitgliedschaft, die mit »SPD« angegeben wird, in der Quelle[71] ein Fragezeichen zu finden und nur einer der Leiter (Max Adermann, 1884-1958) war früher definitiv Sozialdemokrat. Am 04.02.1947 wurde die Kreisverwaltung neu gebildet: Landrat wurde der ehemalige Kommunist Wilhelm Falkenbach (-k.A.). Zwei der neun Ressorts unterstanden ihm direkt. Jeweils zwei weitere Ämter wurden von Vertretern von CDU und LDP geleitet. Jeweils ein Amt leiteten frühere Kommunisten. Nur dem Amt für Arbeit und Soziales stand mit Heinrich Matscheroth (1901-1981) bis 1950 ein ehemaliger Sozialdemokrat vor. Dass das Verhältnis im Bereich der Amtsleiter nun etwas ungünstiger für die (ehemaligen) Kommunisten ausfiel, ist sicher kein Zeichen für mehr Pluralismus, sondern dafür, dass die Politik längst »woanders gemacht« wurde.

Der heutige Wernigeröder Ortsteil Benzingerode gehörte früher zum braunschweigischen Kreis Blankenburg, wo mit Kuno Rieke (1897-1945), der am 30.05.1930 »Kreisdirektor« wurde und wohl noch im Oktober 1930 als »Landrat« von der im Land regierenden bürgerlich-nazistischen Koalition seines Amtes enthoben wurde und mit Richard Salge (1893-1955), der von 1945 bis zur Auflösung des Kreises Blankenburg am 01.07.1950 Landrat war, zwei Sozialdemokraten der Kreisverwaltung vorstanden.

In den rechts mündenden Humboldtweg einbiegen und diesem folgen, bis er an der Straße Papental endet. In diese Straße nach rechts einbiegen, die Kirchstraße queren und nach links in die Straße Wüstenteichen gehen.

Hier lebte zuletzt **Heinrich Bopp**, der am 10. Januar 1878 geboren wurde und am 10. Dezember 1955 starb (Bild undatiert). Bopp war als ehrenamtlicher Stadtrat das erste Magistratsmitglied der Sozialdemokraten in Wernigerode. Zudem war er der erste und einzige Sozialdemokrat aus Wernigerode, der in den Landtag der preußischen Provinz Sachsen, den sogenannten Provinziallandtag, am 07.03.1920, 21.02.1921 und am 29.11.1925 gewählt wurde.

Der Steinmetz Heinrich Bopp war bereits in der Kaiserzeit ein aktiver Sozialdemokrat. 1913 erschien sein Name auf einer Liste, auf der von der Polizeiverwaltung Wernigerode »Sozialdemokratische Agitatoren in führender Stellung (oder wenigstens zielbewußte Anhänger)« aufgeführt worden. Obwohl nicht Mitglied gehörte Bopp zu jener vierköpfigen Abordnung des Arbeiter- und Soldatenrates, die nach der Novemberrevolution 1918 von Fürst Christian-Ernst zu Stolberg-Wernigerode (1864-1940) auf dem Schloss empfangen wurde und eine Spende für die Arbeit des Gremiums erhielt. Am 16.03.1919 wurde Bopp dann auch in den Arbeiterrat gewählt. Zudem war er in der Gewerkschaftsbewegung aktiv. Noch 1918 sagte er, »daß es vornehmste Aufgabe der Gewerkschaften sei, das was durch die Revolution erreicht worden sei und erreicht werden kann, zu erhalten und zu fördern«.

Am 18.02.1919 berichtete das »Wernigeröder Tageblatt« über die Einführung des bereits am 21.01.1919 gewählten Stadtrates Heinrich Bopp: »Man glaube gewiß zu sein, daß Stadtrat Bopp sein Amt unparteiisch führe und sich nicht nur als Beauftragter einer politischen Klasse, sondern aller Bürger der Stadt betrachte. Auch das Magistrats-Kollegium habe das Vertrauen, daß Stadtrat Bopp auf Grund seiner Kenntnisse in dem Bereich der Arbeiterschaft ein schätzenswerter Mitarbeiter des Magistrats-Kollegiums werde.« Stadtrat blieb Bopp bis 1929.

Am 29.04.1919 wurde »der Gewerkschafter Heinrich Bopp« von der Stadtverordnetenversammlung Wernigerode in den Wernigeröder Kreistag gewählt. Er blieb Kreistagsmitglied bis 1929, weil er – nun von den Bürgern – auch 1921 und 1925 gewählt wurde.

Im Rahmen der Revolutionsfeier 1919 sagte Bopp fast prophetisch: »(…) wenn heute radikale Heißsporne sagen, wir handeln falsch und verraten die Arbeiter, so verschweigen sie ihren Anhängern, daß auf jede radikalste Revolution stets eine Gegenrevolution gefolgt ist, durch welche die Errungenschaften des Volkes stets wieder zunichte wurden.«

Am 14.03.1920 war Heinrich Bopp einer der Redner, die bei einer Versammlung im →»Volksgarten« (erfolgreich) forderten, in Wernigerode den Generalstreik gegen den Kapp-Putsch durchzuführen.

Auf der Kundgebung auf dem Marktplatz am 04.07.1922 »Zum Schutz der Republik« nach der Ermordung von Walther Rathenau (1867-1922) verteidigte Heinrich Bopp laut »Wernigeröder Tageblatt« »namens der Gewerkschaften« das (kurzzeitige) Verbot »der nationalistischen Organisationen, darunter auch die des Stahlhelms, was laute Bravorufe auslöste. Die breite Masse dürfe sich jedoch nicht durch die Firmenschilder täuschen lassen, es gäbe noch weit gefährlichere Organisationen.«

Nach 1929 finden sich in den Archiven keine Unterlagen zu Bopp. Gleichwohl dürfte er nicht »die Fronten gewechselt« haben, denn in der DDR-Geschichtsschreibung wird davon berichtet, dass nach dem Zweiten Weltkrieg das »SPD- und Gewerkschaftsmitglied Heinrich Bopp zur Vereinigung von SPD und KPD aufrief«.[72]

Auch in der ersten Stadtverordnetenversammlung nach dem Zweiten Weltkrieg tauchte der Name Bopp auf: Bopps Frau Minna (1890-1959) war von 1946 bis 1950 Mitglied dieses Gremiums in der SED-Fraktion.

Die Laufrichtung beibehaltend über die nächste Kreuzung geradeaus gehen, um in die Straße Triangel zu gelangen.

Triangel 2a

Otto Herfurth, der am 22.01.1893 hier als Sohn des Lehrers Otto Paul Herfurth (1862-1946, Freitod durch Erhängen) und dessen Frau Elise (auch Elisabeth) Auguste, geborene Scheibel (1865-1931), geboren wurde, ist die sehr wahrscheinlich einzige Person aus dem heutigen Stadtgebiet Wernigerodes, die nach dem missglückten Hitler-Attentat vom 20.07.1944 hingerichtet wurde. Er wurde am 29. September 1944 in Berlin-Plötzensee erhängt (Bild etwa 1942).

Herfurth trat zu Beginn des Ersten Weltkrieges als Fahnenjunker in das 3. Niederschlesische Infanterie-Regiment Nr. 50 ein. Dort folgten seine Ernennung zum Fähnrich sowie die Beförderung zum Leutnant und sein Einsatz als Zugführer. Ab November 1917 war er Adjutant des I. Bataillons des Infanterie-Regiments Nr. 403, bevor er im September 1918 zum Ersatz-Bataillon seines Stammregiments versetzt wurde. Nach Kriegsende erfolgte seine Übernahme in die Reichswehr und die Verwendung im Reichswehr-Infanterie-Regiment Nr. 9. Von 1920 bis 1925 gehörte er dem 8. (Preußischen) Infanterie-Regiment an. Für zwei Jahre war Herfurth beim Stab der Kommandantur des Truppenübungsplatzes Hammerstein. Von 1929 bis 1931 absolvierte er die Führergehilfenausbildung beim Stab der 1. Division in Königsberg. Im Anschluss daran wurde er in das 2. (Preußische) Reiter-Regiment versetzt und ein Jahr später zum Kompaniechef im 15. Infanterie-Regiment ernannt. Im Zweiten Weltkrieg war Herfurth anfangs Abteilungsleiter im Oberkommando des Heeres, ehe er vom November 1940 bis März 1943 das Infanterie-Regiment 117 kommandierte, ab Juni 1941 im Rang eines Obersts. Die Einheit war an der Ostfront im Einsatz. 1942 wurde er als Ritterkreuzträger ausgezeichnet. 1943 folgte Herfurths Beförderung zum Generalmajor. Von März 1943 bis 30.05.1944 wurde er als Chef des Generalstabes des stellvertretenden Generalkommandos V. Armeekorps und beim Befehlshaber im Wehrkreis V (Stuttgart) eingesetzt. Ab dem 01.06.1944 war er Chef des Generalstabes des stellvertretenden Generalkommandos III. Armeekorps und beim Befehlshaber im Wehrkreis III (Berlin und Brandenburg).

Nach dem Attentat vom 20.07.1944 weigerte sich Herfurth anfangs, in Abwesenheit seines Vorgesetzten die Befehle der Verschwörer weiterzugeben. Zwischen 18 Uhr und 20:30 Uhr führte er die Befehle dann aber doch aus. Im weiteren Verlauf des Abends versuchte er, diese rückgängig zu machen, was ihn allerdings nicht vor der späteren Verhaftung bewahrte. Am 14. August wurde er aus der Wehrmacht ausgeschlossen, sodass das »Reichskriegsgericht« für die Aburteilung nicht mehr zuständig war. Am 28. und 29.09.1944 fand die »Verhandlung« vor dem »Volksgerichtshof« unter dessen Präsidenten Roland Freisler (1893-1945) statt. Am 29. September wurde Otto Herfurth zum Tode verurteilt.[73]

In die gegenüberliegende Frankenfeldstraße gehen. Dieser Straße folgen bis zur Friedrichstraße. Die Straße überquerend nach rechts gehen, bis links die Straße Insel mündet. Hier einbiegen und geradeaus einen Treppenanstieg nutzen, um auf die Straße Am Eichberg zu gelangen. Dort nach rechts wenden. Hinter dem Eingang zur Jugendherberge auf den Friedhof gehen.

Städtischer Friedhof, Am Eichberg 1

Ehrengrab für Dr. Erhard Hübener

1885 als städtischer Friedhof »An der Molle« begründet, folgt die Anlage einer einfachen Gliederung. Sie wird von einer Hauptallee, die zur Kapelle führt, und von Querwegen gebildet. Hier befinden sich auch die Kriegsgräberanlagen für die Gefallenen des Ersten und Zweiten Weltkrieges. Die steil abfallenden Hangbereiche zur Himmelpforte und zum Hasseröder Tal treten immer mehr als einmalige Kulisse für Gräber in terrassenartiger Anordnung in den Vordergrund. In der Mitte der heutigen Friedhofsfläche mit etwa 8.000 Grabstellen und einer Größe von 9,5 Hektar befinden sich die Trauerhalle und die Friedhofsverwaltung. Die Gebäude treten in ihrer schlichten, modernen Architektur in Erscheinung.[74]

Bergan gehend vom Eingang neben der Jugendherberge aus auf der linken Seite befindet sich eine Reihe mit Ehrengräbern, so z. B. auch für →Albert Bartels. Hinter der Friedhofskapelle liegt das Ehrengrab des liberaldemokratischen Politikers Dr. Erhard Hübener (1881-1958), dem ersten Ministerpräsidenten des Landes Sachsen-Anhalt.

Auf dem Friedhof finden sich viele historische und künstlerisch wertvolle Grabmäler. Die Friedhofsverwaltung benennt hierzu folgende Gräber (Name, Grabfeld):

- Dr. Berthenau   ATM 287-288
- von Biela   ATM 289-290
- Hermanns   ATM 327-330
- Honig   ATM 364-370
- Weinende Frau   ATW über Ehrenfriedhof
- Major Knöpfel   ATW 18
- Gruson   ATW 22-23
- Tappe-Vernon   ATW 24-25
- Opolski   ATW 143-144
- Nourney   ATW 457-458
- Hellfach-Börje   ATW 460-461
- Unger   ATW 511-512
- Brand-Lindau   KM 404-405
- Marschhausen   ATM 20-25
- Säule Berger   ATM 17
- Metallkreuze   Feld A

Nach Verlassen des Friedhofs nach links wenden und bergab bis zur Pfälzergasse gehen.

Pfälzergasse 10b

Hier lebte zuletzt **Hermann Paul Reichardt**, der am 27. November 1885 in Magdeburg geboren wurde und am 18. Februar 1962 starb (Bild undatiert). Reichardt war der erste Sozialdemokrat, der in Wernigerode das Amt des Zweiten Bürgermeisters bekleidete.

Bereits 1891 verstarb seine Mutter. Mit seinem Vater, einem Schneider, und seinen Geschwistern verzog Reichardt nach Groß-Ottersleben, wo er die Schule besuchte und das Schlosserhandwerk erlernte. Anschließend ging er an die Maschinenbauschule in Magdeburg, dann an die Handelsschule. Eigentlich wollte Hermann Paul Reichardt Pastor oder Lehrer werden – eine solche Ausbildung war jedoch nicht bezahlbar. Deshalb ging er in die Industrie, hatte Kontakt mit der Arbeiterbewegung und wurde Redakteur einer Arbeiterzeitung. Nach Beendigung seiner Militärdienstzeit 1907 wurde er Angestellter der Allgemeinen Ortskrankenkasse in Magdeburg, dann Angestellter in der Arbeiterbewegung bzw. Schriftleiter.

1912 kam Reichardt für ein Jahr nach Halberstadt, wurde dann gemäß seiner Autobiografie Generalsekretär der deutschen Arbeitersportverbände (gemeint ist sicher die »Zentralkommission für Sport und Körperpflege«). Diese Stellung hatte er bis 1920 inne. Dann wurde er wieder nach Halberstadt berufen, um im Bezirk Oschersleben-Halberstadt-Wernigerode die Leitung der SPD zu übernehmen – bis zum Dienstantritt als Zweiter Bürgermeister von Wernigerode im Jahr 1922. Dieses Amt versah er bis 1933. Reichardt wurde von den Nazis am 22.03.1933 »beurlaubt«.

In der Zeit ab 1933 widmete sich Reichardt geschichtlichen Forschungen und seinen heimatschriftstellerischen Neigungen, schrieb eine Anzahl geschichtlicher Werke und Dichtungen.

Allerdings war er auch illegal tätig: Wie die illegale Arbeit während der Nazizeit in der Stadt und im Kreis Wernigerode organisiert wurde, beschreibt Hermann Paul Reichardt rückblickend im Jahre 1951: »Ich traf mich fortlaufend mit den Genossen aus der Stadt Wernige-

rode, wie auch mit denen aus den Landorten des Kreises. Wir bildeten kleine Zirkel, um unsere Erfahrungen auszutauschen und ent-
sprechende Gegenpropaganda zu betreiben.«

Nach dem Hitler-Attentat am 20.07.1944 wurde auch Hermann
Paul Reichardt bis September in das KZ Sachsenhausen gesperrt.

1945 lehnte Reichardt das Ansinnen der Besatzer ab, sein Amt als
Bürgermeister wieder aufzunehmen. Nach eigener Ansicht versprach
er sich davon »keinen Segen«. Außerdem wollte er sich eigenem Be-
kunden nach nicht den Besatzungsmächten fügen. Die sowjetische
Kommandantur befahl ihm dann jedoch, die Geschäfte des Landrates für den Kreis Wernigerode aufzunehmen.

1947 wurde Reichardt krank und arbeitsunfähig. In seine Zeit als
Landrat fielen die Bodenreform und der Neuaufbau der Finanzver-
waltung.

Nach seiner Dienstzeit ging Reichardt wieder seinen geschichtlichen und literarischen Neigungen nach. So verfasste er ein (verschol-
lenes) Werk über die Geschichte der Arbeiterbewegung des Kreises
Wernigerode, eine Chronik über Hasserode und eine Chronik über
Darlingerode, die mittlerweile neu erschienen ist.

> Nicht die Pfälzergasse weitergehen, sondern zurück und nach
> links über die Brücke in die Friedrichstraße nach links biegen.
> Auf der rechten Seite der Straße befindet sich das Gelände der
> Hochschule Harz.

Zum Deutschen Kaiser, Friedrichstraße 57

Dort, wo sich heute das Gelände der Hochschule Harz befindet,
endete 1883 in der Gaststätte »Zum Deutschen Kaiser« die erste
»Demonstration« der Arbeiterbewegung in Wernigerode. Das Gebäude der Gaststätte gibt es nicht mehr. 1938 wollte zwar der lang-
jährige Wirt des Hauses, Wilhelm Drewes (1901-1961), noch einen
»Anbau einer Küchenerweiterung am Gasthaus Friedrichstal«, wie
die Gaststätte seit den 1920er Jahren hieß, beim Wernigeröder Bauamt genehmigt bekommen. Im Jahr 1939 beantragte dort jedoch der
Industrielle Arthur Rautenbach (1889-1953), der in Wernigerode mit
seinem Metallgusswerk eine kriegswichtige Produktion betrieb und
der das gesamte Anwesen Friedrichstraße 55-57 im Jahr 1938 erwor-
ben hatte, den »Abriss des alten Gaststätten- und Wohnhauses,
sowie Durchführung der Straßeneinfriedung«.[75]

Das Gasthaus »Zum Deutschem Kaiser« im Jahr 1920

Am 21.07.1883 machten, wie das national-konservative »Wernigeröder Intelligenzblatt« schrieb, »600 Halberstädter Parteigenossen unter Vorantragen eines roten Regenschirms eine Harzpartie nach dem
Lindenberg, dem Mühlental und nach Hasserode, wo sie im Deutschen Kaiser endete«. Das Blatt fuhr fort: »Am vergangenen Sonntag
(21.) morgen traf hier von Halberstadt Herr August Heine mit seinem Volksbildungsverein ein, um ein Fest mit dem Hasseröder
Volksbildungsverein gemeinschaftlich zu feiern. Wir kennen die Mitglieder dieser sogenannten Volksbildungsvereine nicht und enthalten
uns deshalb der Beurteilung, in wie weit ihnen Kräfte zu Gebote
stehn, dem vorgeschobenen edlen Zweck zu dienen. Im allgemeinen
sind wir der Ansicht, daß die Fürsorge des Staats zu diesem Zwecke
vollkommen genügt; bekannt ist außerdem, daß das durch die Geset-
ze verhinderte öffentliche Auftreten der sozialdemokratischen Ge-
sellschaften durch allerlei äußerlich harmlose Vereinigungen ersetzt
werden soll. Offenbar war das auch der Zweck der am Sonntag aus-
geführten Demonstration, die in Ermangelung der roten Fahne, mit
einem großen roten Regenschirm prangte, welcher abends mit La-
ternen bekränzt war. Es ist das eine nicht mehr unschuldige, sondern
geradezu bewußt herausfordernde Spielerei mit dem Feuer, die mehr
als geeignet ist, den Frieden in der Gemeinde zu stören, wenn z. B.

die Leidenschaften eines von einem ehrgeizigen Manne angeschürten Wahlkampfes hinzutreten. Es befanden sich unter der aus Halberstadt eingerückten Schaar von, wie es heißt, gegen 600 Personen, viele Frauen und Kinder und halbwüchsige Jungen.« Das Blatt verstieg sich zu der Drohung: »Wir machen den Herrn August Heine, der als Veranstalter der Demonstration die Verantwortung zu tragen hat, darauf aufmerksam, daß wir hier eine sehr gut organisierte freiwillige Feuerwehr haben, die – unter Umständen! – auch gefährliches Feuer in den Köpfen zu löschen bereit sein wird. Sonst verlief die Expedition harmlos.«

Im Stadtarchiv Wernigerode ließen sich keine Belege für die Existenz eines Wernigeröder oder »Hasseröder Volksbildungsvereins«, von dem das »Wernigeröder Intelligenzblatt« schreibt, finden.

Bildung war für die organisierte Arbeiterbewegung stets ein besonderes Anliegen. Der sich im Milieu stets fortpflanzende Kreislauf von »Armut-Elend-Machtlosigkeit« sollte durchbrochen werden. Bereits am 26.11.1863 gab es mit der Gründung des Halberstädter Arbeiterbildungsvereins eine erste vorsozialdemokratische Organisation im Harz. Gegründet wurde der Verein von August Heine (1842-1919), zu diesem Zeitpunkt noch Anhänger der Fortschrittspartei.

Am 25.02.1883 sprach Heine im →Wernigeröder Schützenhaus zum Thema »Unsere Gegner unter französischer Fremdherrschaft« und über die Gründung einer Familienkasse. Das Ergebnis dieser Versammlung war die Bildung eines einstweiligen Komitees aus allen Berufsklassen, in dem allerdings die Zigarrenarbeiter überwogen, zur Gründung eines Volksbildungsvereins. Es ließen sich jedoch keine Belege für eine tatsächlich stattgefundene Vereinsgründung finden. Nachgewiesen ist allerdings die Gründung des »Wernigeröder Volksbildungsvereins« für den 20.12.1891. In dessen Anmeldungsschreiben wird die Formulierung »neu gegründet« verwendet, sodass es durchaus wahrscheinlich ist, dass es vor 1891 bereits schon einmal einen »Volksbildungsverein« gab. Im Statut des »Volksbildungsvereins« heißt es: »Der Verein beabsichtigt das Wissen seiner Mitglieder durch geeignete volksthümlich gehaltene und belehrende Vorträge, Leseabende, Errichtung einer Bibliothek etc. zu erweitern und die Geselligkeit durch Abhaltung von Vereinsvergnügungen zu pflegen. Mitglied kann jeder unbescholtene Arbeiter jeden Berufes werden.« Das eingereichte Mitgliederverzeichnis umfasste 121 Wernigeröder, 44 Hasseröder und einen Nöschenröder. Am 04.01.1892 meldete der Vorsitzende →Albert Bartels weitere Zugänge: 33 Wernigeröder, acht Hasseröder und zwei Nöschenröder.

Doch erst nach der Novemberrevolution 1918 konnte die Volks-
bildung institutionalisiert werden: Der Studienrat Ernst Köllner
(1887-1974) rief 1919 einen Volkshochschulverein ins Leben – an
den ersten Kursen nahmen fast 800 Volkshochschüler teil. Gelehrt
wurde in den Gebäuden verschiedener Schulen.

Die Nazis schlossen 1933 die Wernigeröder Volkshochschule.

> Die Friedrichstraße weiter (leicht bergab) gehen. Auf der linken
> Seite befindet sich ein Haus mit dem Schild »Apartments«.

Zur Neuen Quelle, Friedrichstraße 129

Wernigerode genießt als musikalische Stadt weithin Anerkennung
und Beachtung. Das Chorsingen hat in der Bunten Stadt eine lange
Geschichte: Neben dem »Wernigeröder Männerchor 1848 e. V.«,
dessen Wurzeln als »Bürgerliedertafel« bis in jenes Jahr der Revolution reichen, und dem 1865 gegründeten »Männergesangsverein Hasserode e. V.«, gibt es auch eine Geschichte von Gesangsensembles,
die im Arbeitermilieu entstanden sind.

Ein Bild des Innenraums wohl aus den 1950er Jahren

Bereits im Jahr 1887 hatten Hasseröder Stein- und Holzarbeiter den
Gesangsverein »Harmonia« gegründet. Ihr Übungs- und Stammlokal
war die Gaststätte »Zur Neuen Quelle«, heute ein Haus mit Ferien-

wohnungen. Der Arbeitergesangsverein »Liederbund« existierte seit 1889 (er wurde 1890 nochmals gegründet). 1906 wurde mit dem Arbeitergesangsverein »Einigkeit« in Hasserode ein weiterer Arbeiterchor gegründet. Schon seit 1900 bestand in Wernigerode ein Arbeitergesangsverein gleichen Namens, in dem vorwiegend Maurer ihrem Hobby nachgingen. Er hatte 19 Gründungsmitglieder. Vom Schicksal dieses Vereins ist nichts bekannt.

In Zeiten des noch bestehenden Bismarckschen »Sozialistengesetzes« hatten derartige Zusammenschlüsse auch eine politische Bedeutung: Solche Organisationen im Umfeld der sozialdemokratischen Partei banden das Milieu an die Sozialdemokratie und stärkten letztlich den Zusammenhalt unter den sozialdemokratisch denkenden Arbeitern. Der »Liederbund« zum Beispiel ging aus dem 1888 gegründeten Maurerfachverein hervor. Zehn Mitglieder des Chores gehörten 1900 zu den Gründern des SPD-Ortsvereins Wernigerode. Die Mitglieder des Arbeitergesangsvereins »Einigkeit« entstammten ebenfalls mehrheitlich einem Gewerk: Eine Ehrenurkunde aus dem Jahr 1931 nennt zwölf Gründer-Namen, von denen zehn von Beruf Steinhauer waren.

Im Jahr 1911 gründete sich der Frauenchor »Einigkeit«, der sich vor allem aus den Ehefrauen des Männerchores zusammensetzte. 1912 wurde der Frauenchor »Freiheit« gegründet, der wiederum in enger Verbindung mit dem Männergesangsverein »Liederbund« stand. Natürlich traten die Arbeitersängerinnen und -sänger insbesondere bei Veranstaltungen der Arbeiterbewegung auf. Auch bei Wahlkämpfen, Fest- und Gedenkveranstaltungen und bei Demonstrationen waren die Arbeitergesangsvereine stets dabei.

Im Jahr 1925 gründete sich das »Arbeitersängerkartell von Wernigerode«. Es hatte die Aufgabe, die Veranstaltungen der drei Arbeitergesangsvereine »Harmonia«, »Liederbund« (zu dem 1920 der Gesangsverein »Concordia« stieß) und »Einigkeit« zu koordinieren, gemeinsame Konzerte zu organisieren und die Interessen der Chöre gegenüber der Stadtverwaltung zu wahren. Die dreiköpfige Leitung setzte sich aus jeweils einem Mitglied der Vereine zusammen. Von den Frauengesangsvereinen (»Freiheit« existierte z. B. noch und feierte 1932 das 20-jährige Bestehen) ist hier nicht die Rede.

Der Arbeitergesangsverein »Liederbund« hatte im Januar 1931 noch 117 Mitglieder, im Juli waren es nur noch 89 aktive Sänger. Ein 1931 gebildeter Kinderchor hatte ein Jahr später eine Stärke von 50 Kindern erreicht.

Nachdem zwei Massenchöre der Arbeitersänger noch die Maikundgebung im Jahr 1932 in Wernigerode, auf der mit Siegmund Crummenerl (1892-1940) der Schatzmeister der SPD sprach, einleiteten, begann mit der »Machtergreifung« der Nazis 1933 der Untergang der Arbeitergesangsbewegung. Überliefert ist, dass der Verein »Liederbund« 1934 durch die SA aufgelöst wurde. Zu jener Zeit umfasste der Chor nur noch 10-15 Mitglieder. Der Gesangsverein »Harmonia« durfte zunächst nach gründlicher Kontrolle der Liedtexte weiterbestehen. Jedoch zogen sich die Sänger selbst mit der Zeit zurück. Der Chor »Einigkeit« fand keine Erwähnung mehr.

Trotzdem lebt die Tradition der Arbeitergesangsvereine bis heute fort: Im Jahr 1945 gründete sich nämlich auf Bestreben ehemaliger Mitglieder des Arbeitergesangsvereins »Liederbund« der »Volkschor Wernigerode«. Am 20.11.1962 vereinigten sich der »Volkschor Wernigerode« und der »Schubertchor« (der frühere Wernigeröder Männergesangsverein »Liedertafel 1848«), zum »Wernigeröder Männerchor 1848 e. V.«.[76]

Rechts am Restaurant über den Parkplatz führt eine Brücke in die Lüttgenfeldstraße. Dort nach links gehen zur Hotelpension »Pfälzer Hof«.

Fürst Bismarck, Lüttgenfeldstraße 23

In der bis 1906 selbstständigen Gemeinde Hasserode gab es eine starke Arbeiterbewegung. Dort wohnten viele Stein- und Holzhauer, die in den umliegenden Wäldern arbeiteten. Die Wahlergebnisse für die Sozialdemokratie waren hier immer überdurchschnittlich. Es verwundert deshalb, dass es in Hasserode keinen eigenständigen Ortsverein der Sozialdemokratie gab. Zu vermuten ist, dass sich nach dem Ende des Bismarckschen »Sozialistengesetzes« die sozialdemokratischen Aktivisten aus Hasserode nach Wernigerode orientierten, wo →Albert Bartels als »Urvater« der sozialdemokratischen Arbeiterbewegung wirkte und wo es ab 1893 mit dem →»Volksgarten« ein eigenes Lokal der SPD und der Gewerkschaften gab.

Natürlich existierten zwischen Hasserödern und Wernigerödern vielfältige Beziehungen. Dass die Sozialdemokraten durchaus auch hintersinnig feiern konnten, beweist die Meldung im »Wernigeröder Intelligenzblatt« vom 02.10.1890: »Das Erlöschen des Sozialistengesetzes werden die hiesigen Sozialdemokraten heute abend im Saal der Frau Pleiser, Hasserode, (Fürst Bismarck) durch eine Volksversammlung feiern, in welcher Herr W. Wenzel aus Halberstadt als Festredner auftreten wird.«

Das Restaurant »Fürst Bismarck«, später »Pfälzer Hof«, wurde auch in der Folgezeit gelegentlich genutzt, um Veranstaltungen der Sozialdemokraten durchzuführen. Im Juli 1908 wie auch im Juli 1909 beantragte →Karl Husung bei der Polizeibehörde einen »Umzug« vom Restaurant »Fürst Bismarck« zum →»Volksgarten«. Auch im Vorfeld der Stichwahl zu den Reichstagswahlen 1912 wurde das Restaurant »Fürst Bismarck« von der SPD genutzt: Der bekannte Magdeburger Sozialdemokrat und spätere Justizminister Otto Landsberg (1869-1957) sprach hier.

Bild aus dem Jahr 2017 vom »Pfälzer Hof«

Seit 1871 wurden im hiesigen Wahlkreis stets die Kandidaten der Nationalliberalen Partei (NLP) gewählt – außer bei der Ergänzungswahl 1889: Da siegte der Bürgermeister von Osterwieck für die Deutsche Reichspartei, einer Partei politisch rechts der NLP. Von 1871 bis zu seinem Tod zog der Nationalliberale August von Bernuth (1808-1889) für den hiesigen Wahlkreis in den Reichstag. Wie seine 1867 gegründete Partei vertrat er hauptsächlich die Interessen des national und/oder liberal gesinnten protestantischen Bildungs-

und Besitzbürgertums sowie des industriellen Großbürgertums im Sinne Bismarcks. Im Jahr 1884 gewann von Bernuth den Wahlkreis sogar gegen Graf Otto zu Stolberg-Wernigerode (1837-1896), der für die Deutsche Reichspartei kandidiert hatte. Ab 1890 bis 1912 saß für den hiesigen Wahlkreis der Jurist und Rittergutsbesitzer Hans Rimpau (1854-1919) aus Ermsleben für die NLP im Reichstag. Mit dem Ende des »Sozialistengesetzes« 1890 manifestierte und steigerte sich jedoch der Wähleranteil für die Sozialdemokraten insbesondere in den Städten. Schon 1884 wählten über ein Viertel der Hasseröder und fast ein Fünftel der Wernigeröder den Kandidaten der Sozialdemokratie (deren Partei verboten war; jedoch wurden Personen zur Wahl zugelassen). 1893 konnte erstmal mit dem Halberstädter Robert Dahlen (Lebensdaten unbekannt) ein SPD-Vertreter die hiesige Reichstags-Stichwahl erreichen, bei der er in Hasserode fast 55% der Stimmen erhielt. Bei den Reichstagswahlen 1898 erhielt SPD-Mann Albert Paul (1847-1921) aus Hannover in Wernigerode in der Stichwahl schon über 50%, in Hasserode sogar über 65%. Trotzdem blieb der gesamte Wahlkreis in der Hand des Nationalliberalen Rimpau – bis 1912: Zum ersten Mal wurde im hiesigen Reichstags-Wahlkreis mit dem Magdeburger Stadtverordneten Alwin Brandes (1866-1949) ein Sozialdemokrat in den Reichstag gewählt. Mit den Worten »Die schwarze Grafschaft ist rot!« soll der Wernigeröder Wahlleiter das Ergebnis der Reichstags-Stichwahl am 25.01.1912 vermeldet haben.

Die Festversammlungen zum 1. Mai 1919 wurden – auch – im »Fürst Bismarck« veranstaltet. Im »Wernigeröder Tageblatt« hieß es: »Im ›Fürst Bismarck‹ in Hasserode verschönte der Arbeiter-Gesangsverein ›Einigkeit‹ die Feier durch seine Mitwirkung und erzielte dabei großen Beifall. Großen Beifall fanden auch die turnerischen Leistungen von ›Brüderschaft‹. (...) Es wirkten dann noch 4 Radfahrer der ›Solidarität‹, indem sie einen hübsch durchgeführten Reigen fuhren.«

Am »Pfälzer Hof« in die rechts mündende Straße Unterm Ratskopf gehen.

Unterm Ratskopf 45

Hier (in Hasserode) lebte zuletzt **Hermann Mallin,** der am 18. Juni 1878 geboren wurde und am 25. April 1957 starb. Von Beruf war er Schriftsetzer. Mallin war der erste Vorsitzende der SPD in der bis 1929 selbstständigen Gemeinde Nöschenrode.

Das 1906 als Privatsanatorium »Villa Quisisana« errichtete Haus wurde 1928 zum »Hotel Eichberg«. Nach dem Zweiten Weltkrieg übernahm das Kreiskrankenhaus das ehemalige Hotel. Später diente das Haus als Pflegeheim. Der Abriss erfolgte 1998.[77]

Nöschenrode war eher konservativ geprägt. So konnte im Jahr 1895 der Ortsvorsteher dem »königlichen Landrat Herrn von Hertzberg hochwohlgeboren in Wernigerode« mitteilen, dass »die Veranstaltung von sozialdemokratischen und anarchistischen Versammlungen betreffend (...) im hierseitigen Gemeinde-Bezirk derartige Fälle bis jetzt nicht vorgekommen sind«. Dies sollte nicht so bleiben: In der Stichwahl zu den Reichstagswahlen 1912 stimmten immerhin 130 Personen – das entsprach 36,1% der Wähler – für den Sozialdemokraten Alwin Brandes (1866-1949).

Nach der Novemberrevolution 1918 wurde zur Wahl der neunköpfigen Nöschenröder Gemeindevertretung am 23.02.1919 eine Einheitsliste aufgestellt, auf der auch drei Sozialdemokraten kandidierten. Die Liste erhielt 266 von abgegebenen 270 Stimmen. Mit Hermann Mallin war nun auch der Vorsitzende des dann erst am 29.04.1919 im →»Stadt Stolberg« gegründeten SPD-Ortsvereins ein Gemeindevertreter. Bis dahin bildeten die Sozialdemokraten eine eher lose Vereinigung.

Die kurze Geschichte des Nöschenröder SPD-Ortsvereins war von offensichtlich starken Verwerfungen geprägt. Organisatorisch war der Ortsverein mal selbstständig, mal gehörte er als »Unterbezirk« zum SPD-Ortsverein Wernigerode. Als im Jahr 1924 wieder Gemeindevertreterwahlen anstanden, kandidierten mit Paul Rutschke (1888-1930, dem Nachfolger von Mallin als SPD-Ortsvereinsvorsitzender) und Hermann Mallin zwei jener Gemeindevertreter, die 1919 als Mitglieder der SPD in das Gremium kamen, nun auf einer bürgerlichen Liste. Die SPD erhielt bei der Wahl am 04.05.1924 zwei Sitze. Doch im Februar 1929 schrieb der SPD-Ortsvereinsvorstand Nöschenrode:»An den Gemeindevorstand und die Gemeindevertreterversammlung zu Nöschenrode: Die beiden von der Sozialdemokratischen Partei in Nöschenrode gewählten Gemeindevertreter Herm. Hartmann und Wilh. Bänecke gelten nicht mehr als Vertreter der S.P.D. Die S.P.D. ist demzufolge im Gemeindeparlament nicht mehr vertreten. Infolgedessen kann der S.P.D. auch das nicht zur Last gelegt werden, was von den beiden Vertretern im letzten halben Jahre in den Gemeindevertretersitzungen vertreten worden ist.«[78]

Zwar wurde für die Kommunalwahl am 17.11.1929 vom SPD-Ortsverein eine Liste mit zwölf Genossen aufgestellt – doch fand wegen der Eingemeindung Nöschenrodes nach Wernigerode diese Wahl dort nicht mehr statt. Möglicherweise ging man zum Zeitpunkt der Kandidatenaufstellung noch davon aus, dass die starken Bestrebungen gegen die Eingemeindung Nöschenrodes eventuell erfolgreich sein könnten.

Das Protokollbuch des SPD-Ortsvereins Nöschenrode endet mit dem Bericht einer Versammlung am 01.03.1930, in der der Anschluss an den SPD-Ortsverein Wernigerode beschlossen wurde: »(...) Auflösung der Ortsgruppe und Anschluß an Wernigerode löst eine lebhafte Aussprache aus (...). Gegen 1 Stimme wird der Anschluß an Wernigerode gefordert, die Ortsgruppe bleibt als Bezirksgr. bestehen.«

In Laufrichtung an der nächsten Kreuzung die Karlstraße querend in den Eisenberg biegen. Dort bergan laufen bis rechts die Damaschkestraße mündet. Bis zu deren Ende auf die Kantstraße gehen. Leicht links gegenüber führt ein Fußweg bergab auf die Weinbergstraße, die nach rechts bis zur Kreuzung mit der Ilsenburger Straße zu gehen ist. Dann nach links in Richtung Supermärkte wenden.

SA-Führerschule, Ilsenburger Straße 31

Im Jahr 1921 expandierte die von Franz Maul (1857-1901) und Rudolph Schroeder (k.A.-1891) 1883 gegründete und An der Holtemme 9 ansässige Schokoladenfabrik. Die Eigentümer erwarben die ehemalige Kunststeinfabrik in der Ilsenburger Straße 31. Nach umfangreichen Ausbauarbeiten wurde die Firma am 05.06.1921 unter dem Namen »Mauls Kakao- und Schokoladen-Fabrik AG Wernigerode« in das Handelsregister eingetragen. Anfang September 1921 konnte am neuen Standort die Produktion aufgenommen werden. »Die ungünstige Lage der Branche verhinderte die für die Rentabilität notwendige Umsatzsteigerung«, wie es im Geschäftsbericht 1927/28 hieß. Zum 31.03.1928 wurde deshalb die Produktion eingestellt. Der Gesamtverkauf des Betriebsgeländes gelang nicht. Die Firma bestand hauptsächlich aus einem Fabrikgebäude (heute Nummer 31c und von der Oskar-Kämmer-Schule genutzt), sowie einem direkt an der Ilsenburger Straße gelegenen Verwaltungsgebäude (Nummer 31a), das nicht mehr existiert und wo 2017 ein Parkplatz und ein Drogeriemarkt erbaut wurden.[79] Das Verwaltungsgebäude (als »SA-Führerschule Mitte«, für die Provinz Sachsen) und der Teil eines Fabrikgebäudes (als Sporthalle) wurden ab 20.02.1933 an die SA vermietet.[80]

In Wernigerode begann mit der »Machtergreifung« Hitlers (1889-1945) zugleich die Konsolidierung der Nazis. Noch 1931 hatte die Nazi-Zeitung »Harzer Trommler« fast schon resignierend festgestellt, dass Wernigerode die »bunte Stadt mit dem rötlichen Einschlag«[81] sei. Allerdings wurde schon im Jahr 1932 mehrheitlich Hitler bei der Reichspräsidentenwahl gewählt.

Die NSDAP hatte am 30.01.1933 in Wernigerode 536 Mitglieder, zu denen allerdings auch Einwohner aus Drübeck, Darlingerode, Silstedt, Minsleben und Reddeber gehörten. Es gelang der NSDAP in Wernigerode, ihre Position vor allem finanziell absichern. Aus der Stadtkasse erhielt sie durch »Barzuschüsse, mietfreie Überlassung von Räumen, Übernahme von Gehalts-Lasten, kostenfreie oder verbilligte Lieferung von Materialien, Steuererlasse, Ankäufe von Grundstücken, usw.« 29.811 Reichsmark, wie eine Umfrage des Deutschen Gemeindetages belegte.

Schnell sollte Hitler auch Ehrenbürger von Wernigerode werden. Am 20.04.1933 meldete die »Wernigeröder Zeitung«, dass Hitler Wernigerodes »erster und einziger Ehrenbürger« wäre.

Obwohl sie bereits Repressalien ausgesetzt war, konnte die SPD bei der Kommunalwahl am 12.03.1933 mit 23,7% noch einmal zweitstärkste Kraft hinter der Nazipartei, die 55,1% verbuchte, werden. Die gewählten Sozialdemokraten legten jedoch schon bald ihre Mandate nieder.

Die mittlerweile abgerissene ehemalige »SA-Führerschule«

Zugleich begann auch der Terror der Nazis. Am 24.06.1933 wurden 81 Sozialdemokraten vornehmlich aus Wernigerode durch die Stadt zur »SA-Führerschule« getrieben und dort in so genannter »Schutzhaft« schwer misshandelt. Vorangehen musste →Richard Bartels mit einem »Schandpfahl«, der die Aufschrift »SPD Lumpen Wernigerode« trug.

Im Juli 1947 wurden in der Gerichtsverhandlung gegen die Hauptschuldigen Einzelheiten der »Schutzhaft« aktenkundig[82]: »Die Antifaschisten mußten, ehe sie in einen ehemaligen Maschinensaal kamen, durch einen engen Gang. Hier wurden sie wieder furchtbar mißhandelt. Aus dem Maschinensaal wurden sie einzeln herausgerufen, in ein Vernehmungszimmer geführt und wiederum geprügelt. Für alle Eingekerkerten wurde Exerzierdienst angesetzt. Es regnete hierbei Fußtritte und Schläge mit Ochsenziemern und Peitschen, wenn der Hitlergruß nicht vorschriftsmäßig ausgeführt wurde. Der Zeuge Schattenberg bekundete, daß, als er in den Saal kam, ihn der »Einäugige«, gemeint ist damit Göbel, der nur ein Auge besitzt, mit einem Knüppel schlug. Göbel riß dem Zeugen das Jackett vom Leib und fesselte ihn mit einer Kette. Der Zeuge wurde während der Mißhandlung ohnmächtig. Man begoß ihn solange mit kaltem Wasser, bis er wieder zu sich kam. Göbel steckte sich dann eine Zigarette an. Als diese in voller Glut war, steckte er das glühende Ende dem durch die Kette wehrlos gemachten Zeugen in die Nasenlöcher. In der SA-Führerschule wurde dem Zeugen ein Strick um den Hals gelegt und er an demselben dreimal in die Höhe gezogen. Anschließend wurde er derartig verprügelt, daß ihm die Haut in Streifen vom Rücken hing. Der Zeuge Otto Goedecke kam mühsam auf Krücken in den Gerichtssaal und machte seine Aussagen. Bei den damaligen Misshandlungen hat man ihm die Nieren zerschlagen. Der Zeuge →Karl Freidank sagte aus, daß beim Exerzieren der Antifaschisten Hermann Randolff von der vertierten Horde abgesondert und in den Maschinensaal geschleift wurde. Als die anderen nach zwei Stunden den Saal betraten, sahen sie Randolff als blutige, leblose Masse in der Ecke liegen.«

> Die Ilsenburger Straße nach rechts gehend (also zurück) an der Ampelkreuzung queren, um auf der linken Straßenseite bis zur dritten Ampelkreuzung, bei der links die Alte Poststraße (ohne Straßenschild) mündet, zu kommen. In diese Straße gehen, um dann erneut links in die Plemnitzstraße zu biegen.

Plemnitzstraße 3

Hier lebte als Kind mit dem am 16. Mai 1911 geborenen **Walter Jung** der wohl einzige Wernigeröder, der von einem Kriegsgericht der Nazis zum Tode verurteilt und am 22. Juli 1943 hingerichtet wurde (Bild undatiert).

Es ist anzunehmen, dass sich die Eltern Walter Jungs schon bald trennten, so dass die Mutter mit ihm nach Rattelsdorf (Kreis Stadtroda, heute Saale-Holzland-Kreis) in Thüringen zog.

Walter Jung erwarb am 21.02.1930 sein Reifezeugnis in Jena und studierte anschließend Volkswirtschaft. Danach setzte er sein Studium in Wien fort (Abgangszeugnis 1932). Eine erneute Immatrikulation erfolgte 1935. Mehrfach unterbrach Walter Jung aus finanziellen Gründen sein Studium, um zu arbeiten. Mit den Ersparnissen konnte er 1939 sein Studium fortsetzen. Am 27.02.1940 suchte er um Zulassung zur Abschlussprüfung nach. Zu diesem Zeitpunkt diente er als

Kanonier bei der 3. Batterie Ersatz-Abteilung 73 in Weimar und konnte auf Grund dessen verkürzte Prüfungsbestimmungen sowie einen dreiwöchigen Vorbereitungsurlaub in Anspruch nehmen. Sein Diplom als Volkswirt trägt das Datum 16.05.1940. Zur Wehrmacht wurde er am 30.06.1940 eingezogen. Walter Jung war von 1930-1932 Mitglied in der NSDAP, aus der er wegen finanzieller Notlage wieder austrat. Jung heiratete im Jahr 1940. Die Familie wohnte in Jena. Sie hatten keine Kinder. Walter Jung hatte allerdings eine uneheliche Tochter.

Seine Ehefrau schrieb später: »Jung gehörte als Schüler zur Hitlerjugend, erkannte jedoch bald die Hohlheit des Nazismus aus welcher Erkenntnis heraus er gegen diesen sich alltäglich aussprach, und schon vor der Machtergreifung sich von der Hitlerjugend entfernte. 1937 oder 1938, als er in Saalfeld als Arbeiter beschäftigt war, wurde er bereits verfolgt wegen seiner Einstellung gegen den Nazismus, konnte sich jedoch herausreden. (…) Im Jahre 1941 war er als Urlauber bei seiner Mutter in Rattelsdorf, wo er mit mir, seiner Ehefrau, im Radio schwarz hörte. Deswegen wurde er von Nachbarn zur Anzeige gebracht. Durch Veränderung des Radioapparates, der danach bald von der Polizei geprüft wurde, konnte er sich auch diesmal herausreden. (…) Er machte aber auch als Soldat keinen Hehl aus seiner Gegnerschaft zum Nazismus.«

Der Belastungszeuge im kriegsgerichtlichen Verfahren, Oberleutnant Gräter, sagte aus: Er sei überzeugt, »dass Jung sich jeder revolutionären Bewegung gegen die Naziherrschaft als Führer zur Verfügung stellen würde.«

Zu seiner Festnahme und Verurteilung heißt es: »Am 23.1.1943 wurde der Obergefreite Walter Jung, Jg. 1911, aus Rattelsdorf / Stadtroda, bei der Rückkehr von einer Dienstreise am Bahnhof Aschersleben verhaftet. Er hatte in geliehenen Büchern der Leihbibliothek und an Häuserwänden in Aschersleben Aufschriften gegen die Nazis und gegen Hitler angebracht. An seinem Portemonnaie war ein Sowjetstern befestigt. Der Verdacht, einer nazifeindlichen Organisation anzugehören, konnte ihm nicht nachgewiesen werden.« Seine Ehefrau führte weiter aus: »Das Feldgericht Luftgau III verhandelte am 13.4.1943 gegen ihn wegen Zersetzung der Wehrkraft und verwies den Fall an das Reichskriegsgericht. Das RKG-Sonderstandgericht für die Wehrmacht verurteilte ihn am 29.6.1943 wegen Zersetzung der Wehrkraft zum Tode.«

Das Urteil beinhaltete außerdem den Verlust der Wehrmündigkeit und der bürgerlichen Ehrenrechte. In einem anderen Dokument wird das Jahr seiner Verurteilung mit 1942 angegeben. Er muss in jedem Fall ein Gnadengesuch eingereicht haben. Am 12.07.1943 hat laut Strafvollstreckungsakte »der Führer Gnadenerweis abgelehnt«. Bemerkenswert daran ist, dass bei dem niedrigen militärischen Dienstgrad »Obergefreiter« Hitler das Todesurteil bestätigte. Beim Standesamt Berlin-Charlottenburg wurde am 23.07.1943 eingetragen, dass Walter Jung »am 22.7.1943 in Berlin-Charlottenburg, Königsdamm 7 durch Enthauptung gestorben« ist.[83]

Die Plemnitzstraße weiter auf die Bodestraße nach rechts verlassen und von dort nach links in die Georgiistraße gehen.

Georgiistraße 31

Hier lebte zuletzt **Willy Steigerwald**, der am 20. November 1878 geboren wurde und wohl am 20. Juni 1941 Selbstmord beging (Bild undatiert). Steigerwald war der politisch engagierteste Sozialdemokrat jüdischer Abstammung in der Weimarer Zeit in Wernigerode.

Der Buchhändler und Redakteur trat nach dem Ersten Weltkrieg in Wernigerode öffentlich in Erscheinung. 1919 wurde er in die Stadtverordnetenversammlung gewählt.

Zu diesem Zeitpunkt war er Parteisekretär der Wernigeröder SPD und ergriff in dieser Funktion immer wieder öffentlich das Wort. Das machte ihn schon damals zur Zielscheibe des politischen Gegners. Ein (zunächst anonymer) Postkartenschreiber verleumdete Steigerwald wegen dessen »Anfragewurst« in der Stadtverordnetenversammlung – womit die Anträge Steigerwalds gemeint waren, die dieser im Namen der SPD-Fraktion abgegeben hatte. Nachdem Willy Steigerwald öffentliche Unterstützung erfuhr, meldete sich kurz darauf der ehemalige Gymnasiallehrer Karl Wehrenburg (1861-1921) mit einer Anzeige, die mit »Ehren-Erklärung« betitelt war.

Darin schrieb der Verfasser: »Der Unterzeichnete hat den Stadtverordneten Herrn Steigerwald in einem Zustande geistiger Ueberreiztheit, der hervorgerufen war durch die ganze Staatsumwälzung und den Wahl- und Pressefeldzug, durch mehrere anonyme Postkarten schwer beleidigt. Der Unterzeichnete nimmt hiermit seine Beleidigungen mit tiefem Bedauern zurück, da er jetzt nach dem »Wahlfieber« einsieht, daß er einem ehrlichen! Manne, der nach gesunden Zuständen im Staate strebt, leider schwer Unrecht getan! Mit der ehrlichen Bitte um Verzeihung für die Beleidigung!«

Willy Steigerwalds Name ist eng verknüpft mit dem Protest in Wernigerode gegen den Kapp-Putsch, der am 13.03.1920 begann. Auch hier war es Steigerwald, der die Versammlungen leitete und als Redner auftrat. Er gab im Namen der »geeinten Arbeiterschaft von Wernigerode« Erklärungen ab und war Mitglied des engeren Aktionsausschusses, der den Generalstreik in Wernigerode gegen den Kapp-Putsch koordinierte. So schrieb das »Wernigeröder Tageblatt«: »Herr Steigerwald ergriff dann zu den neuesten Phasen des Generalstreiks das Wort. In atemloser Spannung lauschte die Versammlung den Meldungen. Anknüpfend an diese Depeschen ermahnte der Redner auch fürderhin Ruhe und Ordnung zu wahren. In ergreifenden Worten schilderte der Redner die Notwendigkeit des ferneren Zusammenhaltes in der Arbeiterschaft unter dem brausenden Beifall der Anwesenden.«

1925 wurde Willy Steigerwald in den Kreistag gewählt. In dieser Zeit war er auch Vorsitzender des sozialdemokratischen paramilitärischen »Reichsbanner Schwarz-Rot-Gold«. Auch bei der nächsten Kreistagswahl 1929 gewann Willy Steigerwald ein Mandat, welches er jedoch abgab, da er Kreisdeputierter wurde. Auf der Sitzung der Stadtverordnetenversammlung am 17.02.1930 wurde Steigerwald zudem als unbesoldeter Stadtrat von Wernigerode vom Ersten Bürgermeister Dr. Ludwig Gepel (1876-1935) in sein Amt eingeführt.

Als am 15.01.1931 der Braunschweiger Staatsminister Franzen (1896-1968, NSDAP) im →»Wernigeröder Kurhaus« sprechen wollte, rief Steigerwald als Redakteur in der »Harzer Volksstimme« zur Gegendemonstration auf.

Bei der bereits nicht mehr demokratischen Kreistagswahl am 12.03.1933 erhielt die SPD sieben (von 27) Sitze, aus Wernigerode wurde u. a. Willy Steigerwald gewählt. Dies alles und die Tatsache, dass er jüdischer Abstammung war, machte Steigerwald bei den Nazis zu einer besonders verhassten Person. Bereits im März 1933 soll er im Wernigeröder Gefängnis geschlagen worden sein, wie seine Frau Martha (1896-1949) später schrieb. Willy Steigerwald gehörte auch zu den 81 Sozialdemokraten, die am 24.06.1933 verhaftet und durch Wernigerode zur →»SA-Führerschule« getrieben und dort gedemütigt, geschlagen und gefoltert wurden. Während 75 der Verhafteten am nächsten Tag wieder freigelassen wurden, meldete die »Wernigeröder Zeitung« noch am 28.06.1933, dass Steigerwald (und zwei weitere Mithäftlinge) weiterhin in »Schutzhaft« gehalten werde.

Am 11.11.1938 wurde Willy Steigerwald nach der Reichspogromnacht in das KZ Buchenwald eingeliefert, wo er zehn Tage bleiben musste. Der immer größer werdende Druck auf ihn und seine Familie trieb ihn zweieinhalb Jahre später in den Suizid.

> Die Georgiistraße in Laufrichtung weitergehen bis zum Veckenstedter Weg. Hier nach rechts biegen Richtung Eisenbahnunterführung. Am nächsten Kreisverkehr nach links in den Gießerweg gehen. Nach der zweiten Kreuzung auf der rechten Seite wird die Sporthalle sichtbar.

Karl-Marx-Haus, Gießerweg 6

Der 17. Juni 1953 hatte als soziale Erhebung eine viel weiter reichende Bedeutung, die in den politischen Forderungen, die die ökonomisch-sozialen Streikziele schnell ersetzten oder in der Gewichtung an deren Stelle traten, ihren Ausdruck fanden. Es war eben nicht ein von langer Hand »im Westen vorbereiteter Tag X«, um den »sozialistischen Staat« zu zerstören, oder gar ein »faschistischer Putsch«. Es war die Unzufriedenheit der DDR-Bürger mit den politischen Umständen, mit dem Aufzwingen des sowjetischen Systems. Deshalb ist es nicht erstaunlich, dass insbesondere frühere Sozialdemokraten, denen vor und während der Zwangsvereinigung mit der KPD durch die Kommunisten immer wieder bedeutet wurde, ein demokratisches parlamentarisches System und eine Einheitspartei, in der es nach alter sozialdemokratischer Tradition eine pluralistische Meinungsfindung und das Recht auf abweichende Meinungen geben sollte, schaffen zu wollen, derart ernüchtert und verbittert waren, dass sie ein bedeutender Teil der Streikbewegung wurden.

Im Kreis Wernigerode streikten am 18. und 19.06.1953 über 7.300 Beschäftigte. Über 2.000 waren es allein im Elektromotorenwerk. Im damaligen Karl-Marx-Haus fand am 18.06.1953 eine Versammlung der streikenden Elmowerker statt, die mitgeschnitten als Tonbandaufnahme überdauert hat. Schon am Nachmittag des 17. Juni erfuhr die Volkspolizei, dass am nächsten Tag im Elmowerk die Arbeit niedergelegt werden sollte. Zudem sollte eine Demonstration durch Wernigerode und mit den Arbeitern des Kupferwalzwerkes Ilsenburg zur Demarkationslinie im Eckertal veranstaltet werden, um die Grenze zu durchbrechen. Obwohl der sowjetische Militärkommandant für den Bezirk Magdeburg, zu dem auch Wernigerode gehörte, den Ausnahmezustand verhängte, wollten am 18. Juni gegen 7:30 Uhr die Arbeiter demonstrieren. Am Karl-Marx-Haus wurden sie von anderen Elmowerkern aufgefordert, an der dort gerade stattfindenden Belegschaftsversammlung teilzunehmen.

Undatiertes Bild, der »Wernigeröder Zeitung« Nr. 87 entnommen

Alois Pisnik (1911-2004), SED-Bezirkschef von Magdeburg, hob später einmal hervor, »die Forderung nach Wiederzulassung der SPD habe gerade im Wernigeröder Elektromotorenwerk während des Streiks eine große Rolle gespielt. So sollte die SPD entweder zugelassen oder innerhalb der SED eine SPD-Fraktion aufgestellt werden.« Auch der Erste Sekretär der SED-Kreisleitung Wernigerode, Helmut Veit (1924-1993) beklagte, dass »in verschiedenen volkseigenen Betrieben des Kreises bestimmte Kräfte einen Teil der ehemaligen SPD-Mitglieder um sich sammeln und gegen die Einheit und Reinheit unserer Partei vorgehen« würden.

Am 18.06.1953 wurde die achtköpfige Streikleitung des Elektromotorenwerkes gewählt. Auf der Belegschaftsversammlung wurden vornehmlich politische Forderungen formuliert: So sollten es freie Wahlen für ganz Deutschland geben, die Interzonengrenzen wegfallen und ein Friedensvertrag geschlossen werden. Falls es zu Repressalien gegen die streikende Belegschaft käme, würde der Streik bis zu deren Aufhebung fortgesetzt. Die Freilassung und Rückführung aller Kriegsgefangenen wurde ebenso gefordert, wie die Senkung der HO-Preise um 40% und die Aufhebung des Ausnahmezustandes. Zudem ging es um die Abschaffung der Planwirtschaft, das Einsetzen von frei gewählten Betriebsräten, die Abschaffung der Betriebsparteileitung der SED und die Besetzung der Führungsposten im Werk durch Fachleute (und nicht mehr durch Parteifunktionäre). Während der Versammlung gingen vor dem Werk schwer bewaffnete sowjetische Soldaten in Stellung. Nachdem gegen 8:15 Uhr bekannt wurde, dass auch der sowjetische Kreiskommandant den Ausnahmezustand verhängt hatte, war an eine Demonstration nicht mehr zu denken. Deshalb beschloss die im Karl-Marx-Haus tagende Versammlung, die Mitgliedsbücher der Elmowerker, die in der Gesellschaft für Deutsch-Sowjetische Freundschaft (DSF) organisiert waren, dem Betrieb zu Verfügung zu stellen, bis der Ausnahmezustand aufgehoben würde. Eine Delegation wurde zur SED-Kreisleitung entsandt, um die Forderungen der Elmowerker dort mit dem Ziel abzugeben, diese nach Berlin zu senden. Als die Delegation um 14 Uhr zurückkehrte und berichtete, dass die SED die im Elmowerk beschlossenen Punkte modifizieren wollte, fand dies keine Mehrheit. Die Streikenden bestätigten ihre Forderungen und fassten den Beschluss, die Arbeit erst dann aufzunehmen, wenn die DDR-Regierung zurücktrete. Trotz des unkalkulierbaren Risikos war es geplant, den Marsch zur Zonengrenze am 19. Juni durchzuführen.

Am 19.06.1953 rückten sowjetische Truppen auf das Betriebsgelände vor und verhafteten sieben Mitglieder der Streikleitung und weitere Elmowerker. Alle Festgenommenen wurden zunächst zur sowjetischen Kommandantur und dann in die Strafvollzugsanstalt nach Magdeburg gebracht.[84] So endete der Aufstand (auch) in Wernigerode.

An dieser Stelle ist der Rundgang beendet. Es ist möglich, mit der Bahn von der Haltestelle Wernigerode-Elmowerk zurück zum Hauptbahnhof zu gelangen. Der Haltepunkt befindet sich, wenn man dem Eingang der Sporthalle den Rücken zuwendet, in Blickrichtung etwa 150m entfernt. Man kann auch den Gießerweg zurückgehend über die Straßen Am Galgenberg, Am Katzenteich und Schlachthofstraße wieder in die Feldstraße gelangen, die sich gegenüber dem Hauptbahnhof befindet.

BENZINGERODE

Benzingerode gehörte bis zum Ende des Zweiten Weltkrieges zum braunschweigischen Kreis Blankenburg. Obwohl ländlich geprägt war im Ort die SPD – und nach der Novemberrevolution 1918 die USPD – stark. Schon im Jahr 1903 wurde bei den Reichstagswahlen der Kandidat der SPD mit 60,9% der Stimmen gewählt. Etwas knapper ging es in den 1920er Jahren im Gemeinderat zu. Bei den Wahlen am 15.12.1918 und am 29.05.1921 wurden fünf (U)SPD-Vertreter und vier »Bürgerliche« in die neunköpfige Gemeindevertretung gewählt. Umgekehrt war das Verhältnis nach der Kommunalwahl am 15.02.1925.

Im März 1925 fand dann nach dem Tod des Reichspräsidenten Friedrich Ebert (1871-1925, SPD) die erste Runde der Reichspräsidentenwahl statt. Otto Braun (1872-1955, SPD) wurde in Benzingerode mit 277 Stimmen klarer Sieger der sieben angetretenen Kandidaten. Bei der Stichwahl am 26.04.1925 erhielten für die bürgerlichen Republiksgegner Paul von Hindenburg (1847-1934) 254 Stimmen und der für die Demokraten kandidierende Zentrumspolitiker Wilhelm Marx (1863-1946; die SPD hatte zu seinen Gunsten Otto Braun zurückgezogen) 270 Stimmen. KPD-Chef Ernst Thälmann (1886-1944) bekam elf Stimmen.

Am 26.02.1928 fanden wieder Kommunalwahlen statt. Für den Gemeinderat traten nur zwei Listen an, die der (sozialdemokratischen) Arbeiterschaft und die »Liste Wirtschaft und Landwirtschaft«. Die Arbeiter-Liste bekam 287 Stimmen, die andere Liste 160 Stimmen. Damit wurde die Sozialdemokratie zur bestimmenden Kraft im Gemeinderat. Zu vermuten ist angesichts des Stimmenverhältnisses, dass sich im Gemeinderat offenbar drei »Bürgerliche« und sechs aus der Arbeiterschaft stammende Gemeinderatsmitglieder gegenüberstanden – wobei nicht gewiss ist, ob es eine Ortsgruppe der SPD zu dieser Zeit gab. Zumindest wurde am 06.04.1930 die SPD-Ortsgruppe neu gegründet.

Am 16.03.1930 wurden Wahlen zum Amt des Gemeindevorstehers durchgeführt. Der Wahlkampf wurde offensichtlich sehr hart geführt. Es traten →Otto Trümpelmann und der sich auf einem Wahlkampfflugblatt als »Sozialist« bezeichnende Karl Markworth (1884-1956) an. Bei einer enormen Wahlbeteiligung (von 623 Wahlberechtigten gingen 581 zur Wahl) gewann Otto Trümpelmann mit 303 Stimmen (Markworth: 270 Stimmen, der Rest: ungültig). Die Zeitung der SPD im Kreis Blankenburg, das »Harzer Echo«, schrieb, dass »Karl Markworth zwar ein Arbeiter, aber der Kandidat der Bürgerlichen« gewesen sei. Aus heute unbekannten Gründen musste diese Wahl wiederholt werden. So fand am 25.05.1930 eine erneute Gemeindevorsteherwahl statt. Wieder traten Trümpelmann, nun als offizieller Kandidat der SPD, und Markworth gegeneinander an. Die Wahlbeteiligung erhöhte sich nochmals: Von nun 624 Wahlberechtigten beteiligten sich 594. Wieder gewann Trümpelmann, dieses Mal mit 295 Stimmen (Markworth: 290 Stimmen, der Rest: ungültig).

Am 01.03.1931 fanden dann die letzten demokratischen Kommunalwahlen im Land Braunschweig statt. Im neuen Gemeinderat von Benzingerode waren nun vier Sozialdemokraten, zwei von der bürgerlichen Einheitsliste, einer von der »Liste der Parteilosen« und zwei Kommunisten.

Dem sozialdemokratischen Gemeindevorsteher →Otto Trümpelmann folgte nach der Stichwahl am 12.04.1931 der Sozialdemokrat Fritz Reuter (1873-1962) im Amt. Reuter und der »bürgerliche« Kandidat Kleemann (Lebensdaten unbekannt) bekamen bei der Wahl am 29.03.1931 zunächst jeweils 280 Stimmen. Die Stichwahl entschied dann Fritz Reuter, der nach der »Machtergreifung« der Nazis entlassen wurde, mit 293 zu 290 Stimmen für sich.

Nach dem Zweiten Weltkrieg war als Bürgermeister August Wermuth (1889-1969, SPD) eingesetzt – bis 1948. Wie in der gesamten sowjetischen Besatzungszone geschehen, hat es den Anschein, dass auch hier der gute Leumund eines früheren Sozialdemokraten benutzt wurde, um die Herrschaft der SED und damit die der Kommunisten zu stabilisieren. Gerade 1948 erlebte der Kampf der Kommunisten gegen den »Sozialdemokratismus« in der SED einen Höhepunkt. Es ist eher unwahrscheinlich, dass der Rücktritt (oder die Ablösung) von August Wermuth gerade 1948 »Zufall« war.

An die Tradition sozialdemokratischer Bürgermeister knüpften ab 1990 Lothar Götting (bis 1999) und bis 2004 (als Kandidatin der SPD) die parteilose Heide-Marie Bahr an.

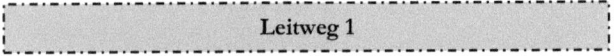

Leitweg 1

Hier lebte zuletzt **Otto Trümpelmann**, der am 7. April 1880 in Hasserode geboren wurde und am 8. Juni 1934 in Benzingerode starb (Bild aus dem Ersten Weltkrieg). Trümpelmann war der erste sozialdemokratische Gemeindevorsteher in Benzingerode und der erste Ortsvereinsvorsitzende der USPD. Er trat dann später wieder zur SPD über.

 Sein Vater war Maurer. Am 08.11.1903 heiratete Otto Trümpelmann Berta Marie Luise Reuleke (1884-1963, laut Sterbeurkunde geborene Reulecke) in Benzingerode. Das Paar sollte 16 Kinder bekommen, von denen jedoch viele bereits im Kindesalter verstarben. Otto Trümpelmann nahm am Ersten Weltkrieg teil und war Mitglied des Benzingeröder Arbeiter- und Soldatenrates. Am 04.06.1923 wurde er zum Gemeindevorsteher (von der Gemeindevertretung) gewählt und blieb in diesem Amt bis 1931. Auf der Sitzung des Gemeinderats am 27.01.1931 legte Trümpelmann das Amt des Gemeindevorstehers aus Krankheitsgründen nieder. Mit 54 Jahren starb Otto Trümpelmann.

»Försterlings Gastwirtschaft«, Rösentor 4

»Försterlings Gastwirtschaft« war benannt nach Friedrich Wilhelm Andreas Försterling (1849-1914). Von Beruf eigentlich Waldarbeiter eröffnete er im Rösentor 4 eine Gastwirtschaft. Das Datum ist unbekannt – jedoch wurde er zur Hochzeit seines Sohnes Wilhelm (1891-1956) im Jahr 1913 als »Gastwirt« bezeichnet. Wilhelm Försterling übernahm nach dem Tod seines Vaters das Lokal, das später den Namen »Braunschweiger Hof« trug. Bis zu seinem Tod im Jahr 1956 wurde die Gastwirtschaft privat geführt, dann wurde sie der Konsumgenossenschaft der DDR angegliedert. Zwar blieb die Familie (durch Heirat der Tochter nunmehr Müller) Eigentümerin. Das Lokal wurde jedoch von Wirten der Konsumgenossenschaft geführt. Da der Name »Braunschweiger Hof« nicht mehr in die Zeit passte, erfuhr die Gastwirtschaft eine Umbenennung in »Zur Jägerklause«. Nach 1990 rentierte sich das Geschäft, das nach einem Umbau als

Café erstrahlte, nicht mehr. Der Saal des Hauses, der in der Vorzeit auch schon als Kriegsgefangenenunterkunft, zur Kornlagerung, als Ferienlager und später als Diskothek genutzt wurde, wurde abgebrochen.[85]

Die Gaststätte »Zur Jägerklause« - undatiert

Im Protokollbuch des Gemeinderats Benzingerode findet sich für den 23.11.1918 der Eintrag, dass »der Gemeinderat in der öffentlichen Volksversammlung in Försterlings Gastwirtschaft vom Vorsitzenden des Soldatenrates Blankenburg, Genossen Hesse, aufgelöst wurde. An Stelle des gemeinsamen Gemeinderates tritt von diesem Tage an bis zur Neuwahl der hiesige Soldaten- und Arbeiterrat.« Gemeint ist Willy Hesse (1885-1964). Er war Delegierter beim ersten Reichskongress der Arbeiter- und Soldatenräte in Berlin im Dezember 1918 und Mitglied des ersten Landtages des Freistaates Braunschweig (1918-1920). Von 1919 bis Januar 1920 leitete er das Presseamt der Staatsregierung in Braunschweig.

Bei Försterling wurde am 14.04.1930 auch der SPD-Ortsverein neu gegründet, der sofort 44 Mitglieder umfasste.

Ein Jahr später berichtete das »Harzer Echo« am 04.03.1931 über »eine Wählerversammlung bei W. Försterling, die sehr gut besucht war«. Friedrich Ebert jun. (1894-1979), Mitglied des Reichstages, in der Nazizeit mehrfach inhaftiert, Kritiker der Zwangsvereinigung von SPD und KPD zur SED und späterer Oberbürgermeister von Ost-Berlin, »verstand es vorzüglich die Zuhörer an seine Rede zu fesseln. Der Redner rechnete vortrefflich mit den Nazis und Kommunisten ab, wofür ihm starker Beifall gezollt wurde.«

MINSLEBEN

In den Archiven lässt sich zur Arbeiter- (oder Bauernbewegung) von Minsleben kaum etwas finden. Weder wird über einen Bauernrat berichtet, noch ein Ortsverein der SPD oder DDP erwähnt. Die Bevölkerung war eher konservativ eingestellt.

Nach 1945 gab es allerdings einen Bürgermeister von der SPD, der jedoch laut Bericht des paritätischen SED-Kreisvorsitzenden Karl Glänzel (1898-1960, früher KPD) vom 09.11.1946 an die sowjetische Kreiskommandantur »angegriffen (wird) von einem ehemaligen KP-Genossen, der vielleicht gern auch die Absicht hätte, Bürgermeister zu spielen«.[86]

Hauptstraße 14

Hier lebte zuletzt **Gustav Rinke**, der am 8. Dezember 1894 in Minsleben geboren wurde und dort am 6. Februar 1970 starb. Rinke war der erste sozialdemokratische Gemeindevorsteher in Minsleben und amtierte bereits von 1942 bis Ende 1948. 1945 trat er in die SPD ein. Ende 1948 wurde Rinke als Gemeindevorsteher abgesetzt und aus der SED ausgeschlossen. Im Vorfeld hatte es Konflikte mit seinem Nachfolger, dem früheren Kommunisten Heinrich Köhler (1904-1976) gegeben.[87] 1922 hatte Rinke in Veckenstedt seine Frau Minna (1897-1984) geheiratet. Das Ehepaar blieb kinderlos.

REDDEBER[88]

Bereits zu oder nach den Reichstagswahlen 1912 fand eine wohl erste von der SPD organisierte Versammlung im Gasthof →»Schwarzer Adler« statt, bei der ein Sozialdemokrat aus Wernigerode zum Thema »Reichstag und Widerstand gegen die Obrigkeit« referierte. Der Turnverein und der Sport-Verein Reddeber bekamen Unterstützung von SPD-Mitgliedern aus Wernigerode hinsichtlich der Förderung der Kinder und der Jugend.

Im Sommer 1914 kam es wahrscheinlich zur ersten (selbst organisierten) Versammlung der »Genossen zu Reddeber« – mit dem Thema »Die drohende Kriegsgefahr«. Gleichwohl dürfte es einen – als solchen bezeichneten – sozialdemokratischen Ortsverein noch nicht gegeben haben. Während der Versammlung wurde aber ein Bauernrat gebildet. Wie viele Mitglieder der Verein hatte, ist nicht protokolliert – vermutlich waren es 18 Mitglieder. Dieser Bauernrat kann als Vorläufer des SPD-Ortsvereins bezeichnet werden. Wortführer war u. a. →Friedrich Ahrend.

Durch den Ersten Weltkrieg wurde die sozialdemokratische Arbeit in Reddeber beginnend mit der Mobilmachung eingeschränkt, etwa 38 Einwohner wurden eingezogen, davon fielen elf, darunter allein sechs Mitglieder des (sozialdemokratischen) Bauernrates.

Etwa Ende 1918 dürfte sich aus dem (weiter bestehenden) Bauernrat eine SPD-Ortsgruppe gebildet haben.

Bei der Kommunalwahl am 02.03.1919 erhielten die Sozialdemokraten 99 Stimmen und damit vier Mandate – die »Bürgerlichen« bekamen 112 Stimmen und fünf Mandate. Bei der Wahl am 04.05.1924 verlor die SPD einen Sitz, stellte aber weiterhin (seit 1919-1928) den Gemeindevorsteher. Die Wahl 1929 ist nicht dokumentiert. Bei der nicht mehr freien Wahl am 12. März 1933 kandidierte eine »Arbeitergemeinschaft«, die 50 von 229 Stimmen bekam. Ob das (frühere) Sozialdemokraten waren, ist unbekannt.

Aktiv waren die Sozialdemokraten auch im dörflichen Leben: In der Freiwilligen Feuerwehr waren im Jahr 1910 fünf (spätere) SPD-Mitglieder, im Männergesangsverein im Jahr 1923 acht Sozialdemokraten und in der Schützengesellschaft zwischen 1914 und 1932 fünfzehn SPD-Leute.

Nach dem Zweiten Weltkrieg gab es in Reddeber nur eine SPD-Ortsgruppe. Eine KPD-Ortsgruppe wurde nicht gegründet. So heißt es in einer Liste[89]: »37 SPD-Mitglieder und niemand in der KPD bei 500 Einwohnern.«

Die Gaststätte »Reddeburg« hat eine lange Tradition. Vermutet wird, dass die heutige Anlage zwischen 1750 und 1800 erstmals bebaut wurde. Ab 1812 ist die Existenz der Gastwirtschaft »Gemeindekrug« nachgewiesen. Bis 1839 als Gemeindeeigentum an die Wirte verpachtet, hieß das Haus ab 1840 nach seinem Besitzer »Kaselitzer Krug« oder »Kaselitzscher Krug« - bis 1854 das Anwesen den Besitzer wechselte, der den alten Namen wieder verwandte. Ab 1863 nur noch »Krug« genannt, hieß die Gastwirtschaft ab 1907 offiziell Gasthof »Schwarzer Adler«. Der Name »Krug« oder »Dorfkrug« war jedoch auch weiterhin geläufig. Ab 1959 bis 1990 wurde die Bezeichnung »Schwarzer Adler« nicht verwandt – sondern nur »Gemeindekrug«. Seit 1995 die neuen Besitzer die Gaststätte renoviert eröffneten, heißt der Gasthof nun »Reddeburg«.

Der Gasthof »Schwarzer Adler« nach 1907

Im Jahr 1912 fand hier die erste sozialdemokratische Versammlung statt. Im Sommer 1914 wurde im »Krug« auch der Bauernrat gegründet, aus dem sich Ende 1918 der SPD-Ortsverein entwickelte.

Heinrich Andreas Lindau (1872-1956), Barbier von Reddeber, trug in sein Geschäftsbuch auch Berichte zu derartigen Versammlungen ein. So heißt es dort: »Es waren wohl 40 Bürger im Saal anwesend. (…) Ein Redner aus Wernigerode sagte viel über die Vorbereitung eines Krieges durch unsere Regierung und wir müssen alle etwas dagegen tun. Fr. Ahrend von der Bahn Minsleben und seine Genossen haben viel Aufruhr im Saal verursacht, als er zum Protest dagegen aufrief. Wir wollen einen Rat oder einen Verein gründen. Meine 8 Arbeiter von der Bahn machen alle mit. Jeder Bürger kann mitmachen. Alle die unzufrieden sind. Es sind schlechte Zeiten für uns Arbeiter, Frauen und Kinder. Die Reichen werden immer reicher und wir immer ärmer. Die Genossen von der Bahn gründeten dann den Rath der Bauern, Kossathen und Tagelöhner. (...) wir wollen uns alle 14 Tage allhier treffen. Im Winter sollen wir 4 Reichsmark Heizkosten zahlen.«

Anfang 1919 lud der »Bauernrath von Reddeber« zu einer Versammlung in den Gasthof ein, an der die Mitglieder des Kriegervereins, des Schützenvereins, des Turnvereins, des Gesangvereins und des Sportvereins teilnahmen. Vermutet werden kann, dass hierbei die Ehrung der elf Gefallenen und Vermissten des Ersten Weltkriegs im Mittelpunkt stand, da aus jedem Verein Tote zu beklagen waren. →Friedrich Ahrend und Heinrich Andreas Lindau traten als Versammlungsleitung und Führungspersönlichkeiten auf. Im Geschäftsbuch von Lindau heißt es: »Der Rath hat alle Vereine eingeladen, 46 Einwohner wurden gezählt. Die stärkste Gruppe stellte der Schützenverein. Genosse Ahrend trauerte mit uns um die Gefallenen des Krieges. Alle standen auf von den Plätzen. (...) Jeder hat 1 Krug Gerstensaft erhalten. Der Saal war sehr kalt.«

Dorfstraße 4

Unter der Adresse lebte zuletzt **Friedrich Ahrend** (auch Ahrens), der am 25. September 1875 geboren wurde und am 4. November 1951 starb (Bild undatiert). Das Haus selbst existiert nicht mehr. Hier wurde auf dem alten Standort ein Bungalow errichtet.

Ahrend war der erste Ortsvereinsvorsitzende der SPD ab 1918 und nochmals 1945 bis 1946, sowie dann nach der Zwangsvereinigung mit der KPD (die es als Ortsgruppe in Reddeber jedoch nicht gab) Vorsitzender der SED im Ort.

Die Eltern von Friedrich Ahrend stammten aus Minsleben. Ahrend war gelernter Handschuhmacher, wurde beim Ausbau der Bahnstrecke Wernigerode-Halberstadt angestellt und nach 1945 Postangestellter. Er heiratete im Jahr 1901 Friederike Marie Luise, geborene Schaaf (1877-1966). Sie hatten neun Kinder. Friedrich Ahrend ist wahrscheinlich der Initiator der Gründung der sozialdemokratischen Bewegung in Reddeber, sodass ihn seine Genossen Ende 1918 als Kreistagskandidaten vorschlugen. Zumindest bei den Wahlen 1919 und 1924 erhielt er ein Mandat als Gemeindevertreter in Reddeber. (Spätestens) ab 1924 war Friedrich Ahrend für das Armen- und Unterstützungswesen in Reddeber zuständig.

Angerstraße 7

Hier lebte zuletzt **Heinrich Krebs**, der am 20. November 1885 geboren wurde und am 9. Mai 1961 starb (Bild undatiert). Krebs war der erste sozialdemokratische Gemeindevorsteher und nahm das Amt von 1919 bis 1928 wahr.
Seine Eltern waren Friedrich Ludwig Krebs (1852-k.A.) aus Wernigerode und Friederike Luci Vesterling (1849-k.A.) aus Reddeber. Krebs war gelernter Zimmermann. Er heiratete 1911 Alwine Louise Schrader (1886-1945).

Heinrich Krebs war von 1910 bis 1927 in der Freiwilligen Feuerwehr Reddeber als Brandmeister tätig. Seit 1912 war er Mitglied im

Gemeinderat, seit 1919 als Mitglied der SPD (und gleichzeitig Gemeindevorsteher). Heinrich und Alwine Krebs hatten zwei Kinder: Der 1912 geborene Alfred Heinrich, im Krieg seit 1944 vermisst (früher ebenso Mitglied der SPD), und Gertrud Alwine (1913-1922), die als Kind verstarb. Nachdem Alwine Krebs 1945 starb, zog Lisbeth Helmholz (1912-1981) zu Heinrich Krebs auf den Hof und wurde seine Lebenskameradin.

SCHIERKE

Schierke wurde erst am 01.04.1921 als Gemeinde selbstständig. Vorher hatte Schierke den Status eines Gutsbezirks.

Vor dem Ersten Weltkrieg waren von den Gemeinde- und Gutsbezirksverwaltungen Listen zu führen, in denen Personen aufzuführen waren, die als Sozialdemokraten oder Anarchisten galten. Mit Schreiben vom 14.04.1913, vom 23.10.1914, sowie vom 20.04.1915 und vom 29.10.1915 erstattete der Schierker Amtsvorsteher an das »königliche Landratsamt« jeweils »Fehlmeldung«.[90] Offensichtlich traten zu jener Zeit die Sozialdemokraten noch nicht in Erscheinung. Dies änderte sich im Zuge der Novemberrevolution 1918.

Nach den Wahlen zum ersten Gemeinderat am 01.05.1921 zog die SPD mit drei Mandatsträgern in das neunköpfige Gremium. Der Ausgang der Kommunalwahlen 1924 ist nicht belegt. In späteren Ratsprotokollen tauchen die Namen dreier Gemeinderäte auf, die sicherlich (auf jeden Fall später) Sozialdemokraten waren.

1929 gründete sich der SPD-Ortsverein neu, nachdem er zwischenzeitlich nicht existierte. Auch berichtete am 10.04.1931 die »Harzer Volksstimme« über die Gründung der sozialdemokratischen Ratsfraktion im Gemeinderat Schierke: »Lange Jahre war es nicht möglich, in Schierke für unsere Partei so festen Fuß zu fassen, daß hier eine lebensfähige Ortsgruppe gegründet werden konnte. Erst die Massenarbeitslosigkeit hat auch unsere Anhänger in Schierke davon überzeugen müssen, daß ein offenes Bekenntnis zur Sozialdemokratie notwendig ist. Die Fortschritte, die in Schierke in der Mitgliederzahl erreicht wurden, sind außerordentlich erfreulich. Zählt doch die Ortsgruppe jetzt bereits 28 Mitglieder und es steht ein weiterer Zuwachs in Aussicht. Auch die im November 1929 gewählten (vier) Gemeindevertreter, die auf einer neutralen Arbeiterliste standen, haben sich als sozialdemokratische Fraktion zusammengeschlossen.«

Dass die Sozialdemokraten nach der »Machtergreifung« der Nazis auch in Schierke verfolgt wurden, zeigt eine Meldung in der »Wernigeröder Zeitung« vom 22.04.1933: »In der letzten Gemeinderatssitzung wurden folgende Punkte verhandelt: (…) Ebenso ist die sozialdemokratische Liste jetzt endgültig unbeteiligt.« Die SPD hatte 68 von 485 Stimmen bei der Wahl am 12. März 1933 bekommen.

Nach dem Zweiten Weltkrieg hatte die SPD starken Zulauf. Verschiedenen Listen[91] ist zu entnehmen, dass die Partei 116 Mitglieder hatte – bei 1.228 Einwohnern. Die KPD verzeichnete auf diesen

Listen nur drei Mitglieder – auf einer weiteren Liste waren es dann plötzlich 80 Mitglieder.

Nach einer ganzen Reihe von Gemeindevorstehern wurde im Juni 1946 Wilhelm Obendiek (1885-1955) eingesetzt. Obendiek konnte auf eine schillernde politische Vita zurückblicken: Er trat 1910 der SPD bei und war Vorsitzender des Gewerkschaftskartells in Pasewalk. Während des Ersten Weltkrieges wechselte er zur USPD. 1921 schloss er sich mit dem linken Flügel der USPD der KPD an. Er gehörte dem Zentralausschuss der KPD an und war von 1924 bis 1925 Politischer Leiter des Bezirks Pommern. 1924 wurde Obendiek als Kandidat der KPD für den Wahlkreis Pommern in den Reichstag gewählt, dem er noch bis 1928 angehörte. Von 1928 bis 1932 war Obendiek Mitglied des Preußischen Landtages. Dort gehörte er zuerst zur KPD-Fraktion, bevor er sich 1929 nach seiner Rückkehr zur SPD deren Fraktion anschloss. Nach Kriegsende kam er in den Harz. Dort trat er wieder der SPD bei und wurde durch die Zwangsvereinigung ab April 1946 Mitglied der SED. Von 1946 bis 1948 war er Gemeindevorsteher und anschließend bis zum 15.06.1953 Bürgermeister in Schierke. In seine Amtszeit als Bürgermeister fiel die sogenannte »Aktion Ungeziefer«, in deren Verlauf am 29.05.1952 und am 07.06.1952 Familien aus den Grenzgebieten zwangsumgesiedelt worden sind. Deshalb ist er bei einigen Schierkern noch heute umstritten. Interessant ist deshalb, wie die Vertreibung polizeiintern bewertet wurde. So hat der Operativstab des Volkspolizeikreisamtes am 29.05.1952, dem Tag der Vertreibung, von sieben (geplant waren zehn; drei waren jedoch schon selbst »verzogen«) Haushalten aus Schierke um 10 Uhr einen ersten Lagebericht verfasst. Darin heißt es: »Der Bürgermeister zeigte sich über die Ausweisungsmaßnahmen sehr erstaunt.« Diese Einschätzung des Verhaltens von Wilhelm Obendiek (»zeigte sich sehr erstaunt«) ist eine offene Kritik an seinem Verhalten. Selbstverständlich erwartete man, dass der Bürgermeister sich nicht »sehr erstaunt« zeigte, sondern die Maßnahmen unterstützt und die Bevölkerung entsprechend agitiert. Dass Obendiek nicht federführend, maßgeblich beteiligt oder in die Aktion selbst verwickelt war, geht auch aus dem internen Abschlussbericht, ebenfalls vom 29.05.1952 hervor. Hier heißt es: »(...) Lediglich zeichnete sich in Schierke in zwei Fällen ein angehender Widerstand ab, welcher durch den Einsatz der Agitatoren behoben wurde.« Auch durch die Nichtnennung von Namen beschreibt man eine Situation: Offensichtlich hat der Bürgermeister sich nicht gegen den »angehenden Widerstand« gestellt – sondern nur die herangekarrten »Agitatoren«. Weiter heißt es: »(...) eine Vorbereitung der Aktion (war) nicht vorhanden. Die Bürgermeister, Sekretäre der Partei, sowie Verladekräfte waren über die Durchführung der Aktion nicht informiert.« Sicherlich wurde Obendiek von einigen Schierkern in der unmittelbaren Nachkriegszeit in seiner Eigenschaft als Bürgermeister als die »Staatsmacht/Besatzungsmacht vor Ort« empfunden. Das mag erklären, dass er in der Bewertung seiner Tätigkeit bei einigen Schierkern eher als »der böse Kommunist« im Gedächtnis blieb – oder dazu im Laufe der Zeit verklärt wurde. Es ist sicherlich auszuschließen, dass Obendiek keine Fehler gemacht hat. Und natürlich: In einer Zeit, in der die Stalinisierung betrieben wurde, hatte er ein öffentliches Amt inne. Hier fällt es dann (aus heutiger Sicht) sicher schwer, zu differenzieren: Was »musste« er tun? Über was sah er – im Interesse »der Sache« – hinweg? Zweifelte er? Hat er »schlimmeres« verhindert? Möglicherweise wurde/wird er jedoch im Nebel der Vergangenheit vor dem Hintergrund der schweren Nachkriegszeit für Sachverhalte verantwortlich gemacht, die nicht in seinem Entscheidungsbereich lagen.

Links neben dem Rathaus in der Brockenstraße vor dem leerstehenden Hotel »Fürstenhöhe«, etwa an der Stelle des leerstehenden »Bräustüb'l«.: Hotel »Fürstenhöh«

Das 1893 erbaute Hotel »Fürstenhöh« übertraf die bisherigen Bauten in Schierke. Es galt als ein großes, den Anforderungen eines neueren Kurortes entsprechendes Hotel. Bereits ein Jahr später wurde ein Ergänzungsbau vorgenommen. Neben dem Sanatorium erbaute der Besitzer des Hotels »Fürstenhöh« im Jahr 1904 noch das Grand-Hotel »Curhaus«. Im Jahr 1925 übernahm die Firma Karstadt beide Häuser in ihren Besitz. Im Januar 1943 brannte das Hotel »Fürstenhöh« vollständig nieder und wurde nicht mehr aufgebaut. Das »Curhaus« wurde nach 1945 vom FGDB übernommen und unter dem Namen »Franz Mehring« fortgeführt. Das heute »Fürstenhöhe« benannte Haus in Schierke war das ehemalige Erholungsheim »Franz Mehring«, das ursprüngliche »Curhaus«.[92]
    Am 13.11.1918 wurde in Schierke der Arbeiter- und Soldatenrat im Hotel »Fürstenhöh« gegründet. Als Vorsitzende fungierten der Oberstabsarzt Dr. Bluth (Lebensdaten unbekannt) und der Hotelbe-

sitzer Adolph Memmler (1853-1928). Mitglied war u. a. auch der Oberkellner →Heinrich Clausen. Am 28.12.1918 wurden weitere Mitglieder (wohl als Ersatz für die ausgeschiedenen Soldaten) in das nun »Arbeiterrat« genannte und von Memmler als alleiniger Vorsitzender geleitete Gremium gewählt, so auch der spätere Gemeinderat Fritz Beyer (1873-1964).

Das mondäne Hotel – undatiertes Foto

Bodeweg 7a

Hier lebte zuletzt **Heinrich Clausen**, der am 20. September 1879 in Verden/Aller geboren wurde und am 24. September 1966 starb (Bild undatiert). Clausen war der erste sozialdemokratische Gemeindevorsteher im Ort und nahm das Amt vom 09.05.1945 bis zum 28.05.1945 wahr.
Nach Schierke kam er vor dem Ersten Weltkrieg. Er war zunächst Brockenkellner und machte sich dann selbststän-

127

dig. Ihm gehörte der Gemeindekrug, den er zu einer einfachen Pension ausbaute. Nebenbei war Heinrich Clausen Buchhändler, nachdem er die »Faust-Buchhandlung« im Ort übernahm. Später gründete er den »Heinrich-Clausen-Verlag«, der auch Postkarten verlegte.

Zum ersten Mal in einem politischen Zusammenhang fiel der Name Clausen bei der Gründung des Arbeiter- und Soldatenrates in Schierke am 13.11.1918. Neben den beiden Vorsitzenden hatte dieses Gremium weitere sieben Mitglieder – so auch den »Oberkellner Heinrich Clausen«. Auf der Urkunde des sich am 28.12.1918 konstituierten 13-köpfigen »Arbeiterrates«, wird Clausen als stellvertretender Vorsitzender benannt.

Bei den ersten Wahlen zum Wernigeröder Kreistag nach dem Ersten Weltkrieg, die – im Gegensatz zu den Städten – für die Gemeinden und Gutsbezirke am 04.05.1919 stattfanden, trat für die SPD die »Liste Clausen« an. Offenbar gab es zu diesem Zeitpunkt bereits einen SPD-Ortsverein in Schierke, der vom »Philosophen von Schierke«, →August Künne, geleitet wurde. Im Ergebnis der Kreistagswahlen konnte sich die bürgerliche Liste knapp durchsetzen: Zwölf Sozialdemokraten – unter ihnen Heinrich Clausen – und 14 »Bürgerliche« erhielten ein Mandat. Bei den folgenden Kreistagswahlen der Jahre 1921, 1925 und 1929 wurde Clausen ebenfalls in das Kreisparlament gewählt.

Er trat mit seinen Genossen auch zur ersten Gemeinderatswahl am 01.05.1921 an und zog in den Gemeinderat. Der Ausgang der Gemeinderatswahl 1924 ist nicht eindeutig belegt. In späteren Protokollen von Sitzungen findet sich der Name Clausen allerdings nicht. In den Gemeinderat nach der Wahl im November 1929 wurde Clausen auf einer »neutralen Arbeiterliste« gewählt, die sich im April 1931 zur sozialdemokratischen Fraktion zusammenschloss (schon 1929 war es zu einer Neugründung des SPD-Ortsvereins gekommen). Die im März 1933 trotz der »Machtergreifung« der Nazis nochmals gewählte SPD-Fraktion wurde im April 1933 verboten und aus dem Gemeinderat ausgeschlossen.

Für Heinrich Clausen folgte eine schwere Zeit: Alte Schierker berichteten, dass die Nazis am Haus Clausens, dessen Familie mit der des Wernigeröder Sozialdemokraten →Richard Bartels befreundet war, öfter die Fenster einschlugen.

Nach dem Zweiten Weltkrieg wurde der zu diesem Zeitpunkt 65-jährige Heinrich Clausen zunächst für drei Wochen als Bürgermeister von Schierke, danach von Juli 1945 bis Juli 1948 als Bürgermeister in Elend eingesetzt. Er verstarb kurz nach seinem 87. Geburtstag.

Hier lebte zuletzt **August Künne**, der am 7. Dezember 1856 in Schierke geboren wurde und am 9. März 1932 starb (Bild undatiert). Nach Beendigung des Ersten Weltkriegs gründete Künne den SPD-Ortsverein in Schierke, den er wohl bis Mitte/Ende der 1920er Jahre leitete.

Der Sohn eines Wegearbeiters wurde nach dem Besuch der Volksschule ebenfalls Wegearbeiter. Im Alter von 20 Jahren soll er eine Abhandlung von Karl Marx (1818-1883) am Weg gefunden haben. Dies weckte seinen Wissensdurst. Er sparte das Geld für weitere Bücher, indem er asketisch lebte. Die von ihm gekaufte Literatur ließ ihn zum Sozialisten werden. Diese Lehre versuchte er unter seinen Kollegen zu verbreiten. Die gräfliche Forstverwaltung soll ihm daraufhin intellektuell beschränkte Hilfsarbeiter an die Seite gestellt haben, die seinen Gedanken nicht folgen konnten. Offensichtlich erfolgreich, denn der Amtsvorsteher erklärte noch 1915, dass es in Schierke keine Sozialdemokraten gäbe.

Künne vermietete seit 1882 – er und seine Familie »mussten das Dach über dem Kopf mit einer Kuh teilen«[93]. Er diskutierte mit Kurgästen von Rang und Namen, so auch mit Albert Einstein, von dem er das Buch »Über die Relativitätstheorie« geschenkt bekam. Einstein versah es mit der Widmung: »Dem einsamen und unabhängigen Denker August Künne als Zeichen meiner Bewunderung und Sympathie, Albert Einstein, 1931«.

Nach seinem Tod hinterließ August Künne eine stattliche Bibliothek. Neben den Gesamtausgaben von Goethe (1749-1832), Schiller (1759-1805) und Shakespeare (1564-1616) und vielen anderen Klassikern sowie umfänglichen naturwissenschaftlichen Abhandlungen, bestand diese aus über 60 philosophischen Werken.

Das Grab des »Philosophen von Schierke« befindet sich noch heute auf dem Schierker Friedhof. Auf dem Grabstein ist Einsteins Widmung eingraviert.

Im eigentlich ländlich geprägten Silstedt war die Arbeiter- (und insbesondere die Bauern)bewegung erstaunlich stark. Nach der Revolution 1918 existierte im Ort ein Bauernrat, aus dem ein Ortsverein der SPD gegründet wurde. Dessen Existenz kann jedoch spätestens 1923 nicht mehr nachgewiesen werden. Wann genau und vor allem wo sich der Bauernrat konstituierte, kann den Archiven nicht entnommen werden. An der Sitzung des Gemeinderates am 14.12.1918 nahmen jedoch erstmals vier Vertreter des Bauernrates teil.

Bei den Gemeinderatswahlen am 02.03.1919 erhielten vier Sozialdemokraten auf einer gemeinsamen Liste mit »Bürgerlichen« ein Mandat. Da die Ergebnisse der nachfolgenden Gemeinderatswahlen nicht überliefert sind, kann nur anhand der Protokolle der Sitzungen des Gemeinderates gemutmaßt werden, ob, wieviel und welche Sozialdemokraten (auch ohne Ortsverein) gewählt worden sind. Hinter den in den Protokollen genannten Personen fand sich nämlich auch kein Parteikürzel. Nach der Wahl 1924 dürfte mindestens ein Gemeinderat ein Sozialdemokrat gewesen sein, nach der Wahl 1929 waren mindestens zwei Sozialdemokraten im Gemeinderat und nach den – schon nicht mehr freien – Wahlen am 12. März 1933 vermutlich einer von der Liste »Arbeitnehmer (keine Kommunisten)«.

Im Ergebnis der Kreistagswahlen am 20.02.1921 errang der Landarbeiter Wilhelm Ahrend aus Silstedt ein Mandat für die SPD. Zu Ahrend ist leider nichts weiter bekannt.

Nach dem Zweiten Weltkrieg gab es im Ort 38 SPD- und 21 KPD-Mitglieder bei 1.510 Einwohnern.[94]

Börstedter Straße 23

Hier lebte zuletzt **Ernst Newie jun.**, der am 12. April 1909 geboren wurde und am 16. November 1974 starb (Bild undatiert). Newie jun. war der erste nachgewiesene Vorsitzende des SPD-Ortsvereins.

Sein Vater war von Beruf Ziegeleiarbeiter. Nach dem Besuch der Schule erlernte Ernst Newie jun. den Maurerberuf, in dem er sich in Osterwieck in der Bauschule weiterqualifizierte. Er fand dann zunächst eine Anstellung in Wernigerode, wo er bis etwa 1938 blieb. Anschließend wurde er Mitarbeiter in einem Baubüro in Halberstadt. 1939 erfolgte der Umzug in die Domstadt, wo er bis 1943 wohnte.

Im Jahr 1941 wurde er zur Wehrmacht eingezogen und kam an die Ostfront. 1945 geriet Ernst Newie jun. bereits hinter der Elbe in britische Gefangenschaft. Im selben Jahr wurde er nach Hause, nunmehr nach Silstedt, entlassen, wo er Vorsitzender des SPD-Ortsvereins wurde.

Nach der Zwangsvereinigung mit der KPD zur SED wurde er gleichberechtigter Co-Vorsitzender im Ort. Als Bauingenieur fand Newie jun. eine Anstellung im Landratsamt. Er war dort zunächst mit dem Befehl 209 der Sowjetischen Militäradministration (Schaffung von Neubauernhöfe durch Aufteilung der ehemaligen Gutshöfe und Abriss von ungenutzten Herrenhäusern) befasst. Er blieb im Landratsamt bis zu seiner Rente.

Pfingstgras 6

Hier lebte zuletzt **Gustav Bormann**, der am 12. Januar 1897 in Heudeber geboren wurde und am 4. Januar 1966 starb (Bild undatiert). Bormann war ab 1945 der erste sozialdemokratische Bürgermeister im Ort. Bezüglich der Amtszeit gibt es widersprüchliche Angaben. Eine Quelle[95] behauptet, dass Bormanns Nachfolgerin das Amt von 1949-1960 innehatte, zwei andere Quellen[96] meinen, dass die Amtszeit der Nachfolgerin 1952 begann. Ein Silstedter Bürger[97] gab an, von Bürgermeister Gustav Bormann 1950 getraut worden zu sein – demzufolge kann dessen Nachfolgerin nicht bereits 1949 amtiert haben.

Gustav Bormann war verheiratet mit Emma, geborene Rettmer (1899-1980). Das Ehepaar hatte drei Kinder.

Bildernachweis:

Hauptbahnhof Wernigerode: Archiv Rainer Schulze, Wernigerode

Otto Büchting: Bild von Otto-Gerhard Büchting

Landratsamt: Zeitungsarchiv Herbert Leimhuth, Wernigerode

Erbprinzenpalais: Horst Foerster, Darlingerode

Liebfrauenkirche: Stadtarchiv Wernigerode, Postkartensammlung (VII 20)

Breite Straße 94: Stadtarchiv Wernigerode, Fotosammlung »Volksstimme«

Johanniskirche: Stadtarchiv Wernigerode, Postkartensammlung (VII 21)

Kreiskulturhaus: Stadtarchiv Wernigerode, Fotosammlung »Volksstimme«

Knaben-Mittelschule: Chronik der »Wilhelm-Raabe-Schule«, Abdruck mit freundlicher Genehmigung der Schulleitung

Logenhaus: Stadtarchiv Wernigerode, Fotosammlung »Volksstimme«

Marktplatz: Stadtarchiv Wernigerode, Fotosammlung »Volksstimme«

Burgstraße 49: Wikipedia; Urheber: MIGEBERT

Nöschenröder Hof: Looke-Sammlung, Harzbücherei Wernigerode; Foto 452

Harzfriede: Stadtarchiv Wernigerode, Postkartensammlung (IV 5)

Katechetisches Seminar: Stadtarchiv Wernigerode, Postkartensammlung (IV 51)

Nöschenröder Schützenhaus: Archiv Otmar Groß, Danstedt

Kreuzkirche: Archiv Ludwig Hoffmann, Wernigerode

Wernigeröder Kurhaus: Stadtarchiv Wernigerode, Postkartensammlung (IV 30)

Pfarrhaus Sylvestrikirche: Stadtarchiv Wernigerode, Postkartensammlung (VII 1)

Sylvestrikirche: Stadtarchiv Wernigerode, Postkartensammlung (VII 2)

Wernigeröder Schützenhaus: Archiv Otmar Groß, Danstedt

Karl-Marx-Denkmal: Stadtarchiv Wernigerode, Fotosammlung »Volksstimme«; F 1190

Paul Eichfeld: Archiv Prof. Dr. Konrad Breitenborn, Wernigerode

Otto Herfurth: https://i.pinimg.com/originals/2d/4a/b3/2d4ab3898e6fa8b 47f94e8d716c3dfac.jpg

Zum Deutschen Kaiser: Stadtarchiv Wernigerode, Postkartensammlung (IV 951)

Neue Quelle: Stadtarchiv Wernigerode, Postkartensammlung (IV 988)

Eichberg: Stadtarchiv Wernigerode, Postkartensammlung (IV 423)

Ilsenburger Straße 31a, Rückseite: Bauamt, Archiv

Karl-Marx-Haus: Wernigeröder Zeitung Nr. 87

Zur Jägerklause: Archiv Peter Müller, Benzingerode

Schwarzer Adler: Archiv Horst Schädel, Reddeber

Fürstenhöh: Stadtarchiv Wernigerode, Postkartensammlung (unregistriert)

Alle anderen Bilder entnommen: Ralf Mattern: »Die schwarze Grafschaft ist rot« oder »... die im Stande sind, alle Dinge nüchtern, kühl und sachlich zu betrachten.« – Die Chronik der Wernigeröder Sozialdemokratie 1848-2013 inklusive Benzingerode, Minsleben, Reddeber, Schierke und Silstedt; bod Norderstedt; 2015

Quellennachweis

[1] Paul Levi: »Zwischen Spartakus und Sozialdemokratie; Schriften, Aufsätze, Reden und Briefe«; Europäische Verlagsanstalt Frankfurt; 1969

[2] Hermann Weber: »Kommunismus in Deutschland 1918-1945«; Wissenschaftliche Buchgesellschaft Darmstadt; 1983

[3] www.hausgeschichte-wernigerode.de

[4] »Als die Einheit geschmiedet wurde« – Material zur Vereinigung von KPD und SPD im Kreise Wernigerode, Harzbücherei Wernigerode

[5] Stadtarchiv Wernigerode, WR III 644, Blatt 34

[6] Mahn- und Gedenkstätte Wernigerode, Zugangsnummer: 2340

[7] Stadtarchiv Wernigerode: WR III, 274

[8] Stadtarchiv Wernigerode: WR III, 22

[9] LHASA, MD, Rep 15 Wernigerode, Nr. IV / 4 / 18 / 139.

[10] Otmar Groß: »Erinnerungen aus Wernigerode«, Band 1

[11] Otmar Groß, ebda.

[12] Möse / Meißner: »125 Landkreis Wernigerode 1876-2001; Der Weg zum Landkreis Wernigerode und dessen staatliche Entwicklung«; Herausgegeben im September 2001; Harzbücherei Wernigerode As 382

[13] Stadtarchiv Wernigerode: WR III, 22

[14] Beatrix Herlemann: »Wir sind geblieben, was wir immer waren« - Studien zur Landesgeschichte; Verlag mdv Halle

[15] Zitiert aus der Akte des Generalstaatsanwalts, SAPMO, BArch, NJ 5205, Bd. 2 und StAC 30071, H 8239

[16] »Männer und Taten der ersten Stunde« von Ernst Loops in: »Unterm Brocken«, Jahrgang 1961, mehrere Teile

[17] Kurt-Dieter Möse – über: LHASA 2045, IV 4 / 18 / 194, Blatt 158

[18] Hinweis von Prof. Dr. Konrad Breitenborn bei dessen Recherchen zu dem Buch »Tage zwischen Hoffnung und Angst. Der 17. Juni 1953 im Kreis Wernigerode«; Verlag Janos Stekovics; 2013

[19] Auch die weiteren Informationen zum Gewerkschaftskartell in: Stadtarchiv Wernigerode, Akte Gewerkschaftskartell 1901-1914, FB-Nr. 9086

[20] Mahn- und Gedenkstätte Wernigerode, Zugangsnummer: 3953

[21] www.wikipedia.org und Chronik des Hotels »Erprinzenpalais»

[22] LHASA, MD, M 24, 1975-1990 Nr. 17735

[23] http://www.wernigerode-tourismus.de/sehenswertes/kirchen /liebfrauenkirche.html

[24] LHASA, MD, M 24, 1975-1990 Nr. 17735

[25] Reichardt, H. P.: »25 Jahre Ortsverein Wernigerode der Sozialdemokratischen Partei«, Wernigerode 1925 – Harzbücherei Wernigerode As 490

[26] Informationen aus der Datei »Gewerbeunterlagen« im Stadtarchiv Wernigerode

[27] http://www.st-johannis-wernigerode.de/kirche.html

[28] Erinnerungen von Ludwig Hoffmann, u. a. in: »Neue Wernigeröder Zeitung«, Heft 10, 2014

[29] Im Besitz von Peter Lehmann, Wernigerode

[30] Archiv »Robert-Havemann-Gesellschaft« Berlin

[31] Chronik der »Wilhelm-Raabe-Schule«

[32] http://www.freimaurer-in-wernigerode.de/index.php/pages/about-us

[33] Bundesarchiv Berlin: R 58/1551

[34] Stadtarchiv Wernigerode: WR III, 22

[35] LHASA, MD, Rep 15 Wernigerode, Nr. IV / 4 / 18 / 139 – vermutlich eine Liste aus dem Jahr 1946 oder 1947

[36] Stadtarchiv Wernigerode: WR III, 22

[37] https://de.wikipedia.org/wiki/Rathaus_Wernigerode

[38] Konrad Breitenborn: »Im Dienste Bismarcks«; Verlag der Nation Berlin; 1986

[39] Niederschriften über die Sitzungen der Stadtverordnetenversammlung vom 30.11.1990 und 22.03.1991

[40] www.hausgeschichte-wernigerode.de

[41] »Wernigeröder Tageblatt« am 11.11.1918

[42] Signatur O Nr. 80 in der fürstlichen Privatkanzlei - Akte aus den Jahren 1918–1920

[43] Dr. Alfred Böttcher: »10 Jahre Kampf um Wernigerode«; Februar 1935

[44] »Wernigeröder Tageblatt« am 18.11.1918

[45] »Harzer Volksstimme«: 13.04.2011

[46] Informationen von Peter Lehmann, Wernigerode

[47] Mitteilung des heutigen Altenpflegeheimes aus der Chronik des Hauses

[48] Peter Lehmann: »Geachtet – geleugnet – geehrt: Oberst Gustav Petri, Retter von Wernigerode«; Lukas Verlag, S. 95ff.

[49] Erinnerungen von Peter Lehmann, Wernigerode

[50] Peter Lehmann, u. a. in: »Neue Wernigeröder Zeitung«, Heft 17, 2009

[51] Otmar Groß: »Erinnerungen aus Wernigerode«, Band 2

[52] http://www.wernigerode.de/de/religion-kirchen/kreuzkirche-wernigerode-20017122-20017123.html

[53] Ludwig Hoffmann: »Die Bekenntnisgemeinde in der Wernigeröder Kreuzkirche«; Selbstverlag

[54] Otmar Groß: »Erinnerungen aus Wernigerode«, Band 2

[55] Nach Erinnerung von Ralf Mattern. Nach Peter Lehmann sollen es etwa 40 Leute gewesen sein – wobei dann verwundert, dass »nur« sechzehn Personen den Aufruf des Neuen Forum unterschrieben hätten.

[56] Die Listen sind im Archiv der Robert-Havemann-Gesellschaft Berlin

[57] Aufzeichnungen von Peter Lehmann, Wernigerode

[58] http://www.sylvestri-liebfrauen-wernigerode.de/02a.php (hier jedoch: ab 1880, nicht ab 1881)

[59] Ludwig Hoffmann in: »Der Friedenskreis Wernigerode« in: »Neue Wernigeröder Zeitung«, Heft 20, 2014

[60] Erinnerungen von Siegfried Siegel, Wernigerode

[61] LHASA, MD, M 24, 1975-1990 Nr. 17735.

[62] Otmar Groß: »Erinnerungen aus Wernigerode«, Band 2

[63] Alfred Böttcher: »10 Jahre Kampf um Wernigerode«, 1935, Seite 31

[64] Prof. Dr. Konrad Breitenborn: »Tage zwischen Hoffnung und Angst. Der 17. Juni 1953 im Kreis Wernigerode«; Verlag Janos Stekovics; 2013, Seite 117. Die wohl überhaupt erste Karl-Marx-Büste wurde am 05.05.1953 im damaligen Marxwalde (heute wieder Neuhardenberg) enthüllt. Dietmar Zimmermann: »Neuhardenberg nach 1945 bis heute.« In: »Quilitz. Marxwalde. Neuhardenberg, 1348-1998. Zeugnis deutscher Geschichte und europäischer Baukunst« - herausgegeben von der Ostdeutschen Sparkassenstiftung im Land Brandenburg, Dresden 1998

[65] Dr. Georg von Gynz-Rekowski: »Wernigeröder Denkmäler«; Harzbücherei Wernigerode As 295

[66] Otmar Groß: »Erinnerungen aus Wernigerode«, Band 1

[67] Die Historikerin Anke Hoffsten verwies zu Recht darauf, dass Gewerkschaften bereits zuvor Hotels erwarben (Dresden 1902, Solingen 1904, Bielefeld 1906, Remscheid 1910, usw.). Das Gewerkschaftshaus »Monopol« wurde jedoch im Gegensatz zu den anderen Häusern als Hotel fortgeführt.

[68] Gerhard Reiche: »Die Aussagekraft der im Stadtarchiv Wernigerode überlieferten Archivalien für die Herausbildung der revolutionär-demokratischen Organe in der Stadt Wernigerode 1945-1946« – im Stadtarchiv

[69] Mitteilung der Tochter Paul Eichfelds an Prof. Dr. Konrad Breitenborn

[70] Stadtarchiv Wernigerode: WR III, 22

[71] LHASA, MD, Rep K 13 Wernigerode, Nr. 126

[72] »Als die Einheit geschmiedet wurde« – Material zur Vereinigung von KPD und SPD im Kreise Wernigerode, Harzbücherei Wernigerode

[73] Informationen zur Militärlaufbahn: wikipedia.org/wiki/Otto_Herfurth

[74] http://www.wernigerode.de/de/friedhoefe_wr.html

[75] Mandy Reinhard, Stadt Wernigerode, Bauverwaltungsamt, Bauarchiv

[76] Manfred Oelsner: »Geschichte der Arbeitergesangvereine Wernigerode«, Mahn- und Gedenkstätte Wernigerode, Zugangsnummer: 3260

[77] Otmar Groß: »Erinnerungen aus Wernigerode«, Band 2

[78] Stadtarchiv Wernigerode: Nö 911

[79] Mandy Reinhard, Stadt Wernigerode, Bauverwaltungsamt, Bauarchiv

[80] Jürgen Will: »Süße Versuchung: Vom Siegeszug der Schokolade seit dem 19. Jahrhundert – Das Beispiel Wernigerode«, Verlag J. Stekovics; 2007

[81] Blatt Nr. 5 / 1931: LHASA, MD, Rep. C 20 I, lb. Nr. 1868

[82] Vst. Nr. 249 / 22.10.1948 im LHASA, P25, V, 33/9/151 Bl. 150

[83] http://www.bv-opfer-ns-militaerjustiz.de/index.php?page=presse-ab-2016

[84] Prof. Dr. Konrad Breitenborn: »Tage zwischen Hoffnung und Angst. Der 17. Juni 1953 im Kreis Wernigerode«; Verlag Janos Stekovics; 2013

[85] Erinnerungen von Peter Müller, Enkel Wilhelm Försterlings

[86] Stadtarchiv Wernigerode: WR III, 22

[87] LHASA, MD, P 15 Wernigerode, Nr. IV /4 / 18 /109

[88] Alle Information zu Reddeber stammen vom Ortschronisten Horst Schädel

[89] LHASA, MD, Rep P 15 Wernigerode, Nr. IV / 4 / 18 / 204

[90] Stadtarchiv Wernigerode: Schi 98

[91] LHASA, MD, Rep P 15 Wernigerode, Nr. IV / 4 / 18 / 204 und Stadtarchiv Wernigerode: WR III, 22

[92] Ingrid Hintze: »Schierke am Brocken. Eine Zeitreise. Ein Ort im Wandel. Ein Kurort.«; Selbstverlag, 2009

[93] Ingrid Hintze: ebda.

[94] LHASA, MD, Rep P 15 Wernigerode, Nr IV / 4 / 18 / 204 und Stadtarchiv Wernigerode: WR III, 22

[95] Der vormalige Ortschronist von Silstedt Heinz Schulze

[96] Der derzeitige Ortschronist von Silstedt Michael Boos, sowie Prof. Dr. Konrad Breitenborn

[97] Fritz Lüttge, Silstedt

Alle sonstigen Ausführungen entnommen:

"Die schwarze Grafschaft ist rot!" oder "... die im Stande sind, alle Dinge nüchtern, kühl und sachlich zu betrachten.": Die Chronik der Wernigeröder Sozialdemokratie 1848-2013; inklusive Benzingerode, Minsleben, Reddeber, Schierke und Silstedt
Books on Demand, Norderstedt; 2015
ISBN-10: 3739224266
ISBN-13: 978-3739224268
Buch (gebunden, 576 Seiten): 69,90 €
Kindle: 19,99 €
CD (nur beim SPD-Ortsverein): 5,00 €

Weitere im Buchhandel erhältliche Veröffentlichungen zum Thema

Konrad Breitenborn: **Tage zwischen Hoffnung und Angst: Der 17. Juni 1953 im Kreis Wernigerode** (Veröffentlichungen des Landesheimatbundes Sachsen-Anhalt e. V. zur Landes-, Regional und Heimatgeschichte)
Verlag: J. Stekovics
ISBN-10: 3899233085
ISBN-13: 978-3899233087

Otmar Groß: **Erinnerungen aus Wernigerode: Geschichten alter Unternehmen Band 1 und 2**
Verlag: Papierflieger
Band 1:
ISBN-10: 3869482400
ISBN-13: 978-3869482408
Band 2:
ISBN-10: 3869483016
ISBN-13: 978-3869483016

Peter Lehmann: **geleugnet – geachtet – geehrt: Oberst Gustav Petri, Retter von Wernigerode** (Harz Forschungen / Forschungen und Quellen zur Geschichte des Harzgebietes)
Verlag: Lukas Verlag für Kunst- und Geistesgeschichte
ISBN-10: 3867321736
ISBN-13: 978-3867321730

Chroniken (erhältlich u. a. in der Harzbücherei oder bei den Autoren)

Ottmar Wolff u. a.: Benzingerode
– Geschichten und Geschichte
eines Dorfes am Harzrand

Ingrid Hintze: Schierke am
Brocken. Eine Zeitreise. Ein Ort
im Wandel. Ein Kurort.

Michael Boos: Kirchenbuch
Silstedt

Horst Schädel, Uwe Lagatz,
Christa Lorenz u. a.: Chronik –
Die Gemeinde Minsleben

Die Chroniken von Reddeber (Autor: Horst Schädel) sind in der Harzbücherei, im Stadtarchiv und unter www.reddeber.ev.de einzusehen.

Weitere von Ralf Mattern erschienene Bücher

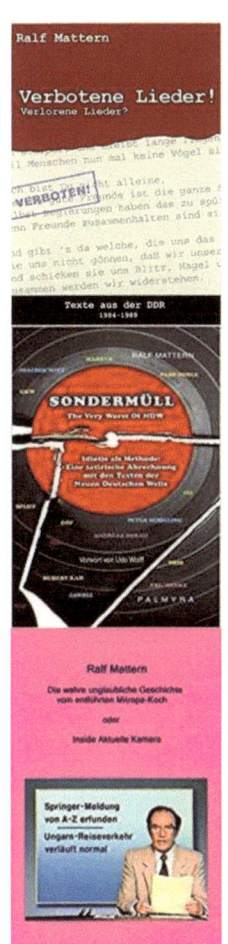

Verbotene Lieder! Verlorene Lieder? – Texte aus der DDR 1984-1989

Books on Demand, Norderstedt

Buch: 9,95 €
Kindle: 7,49 €

ISBN-10: 3831125767
ISBN-13: 978-3831125760

Sondermüll - The Very Worst Of NDW
Mit einem Vorwort von Udo Wolff

Palmyra Verlag, Heidelberg

Buch: 12,00 €

ISBN-10: 3930378892
ISBN-13: 978-3930378890

Die wahre unglaubliche Geschichte vom entführten Mitropa-Koch: oder Inside Aktuelle Kamera

Winterwork Edition, Borsdorf

Buch: 15,90 €
Kindle: 5,99 €

ISBN-10: 3864687438
ISBN-13: 978-3864687433

Sämtliche Songtexte 1984-2004
Mit einem Vorwort von Gerhard Schöne

Books on Demand, Norderstedt

Buch: 14,90 €
Kindle: 7,49 €

ISBN-10: 3739244429
ISBN-13: 978-3739244426

Leserbriefe 1989-2014: Eine politische Reise durch ein Vierteljahrhundert
Mit einem Vorwort von Sigmar Gabriel

Books on Demand, Norderstedt

Buch: 29,90 €

ISBN-10: 3735778518
ISBN-13: 978-3735778512

Vom Kaiser-Panorama zum Filmpalast
Die Wernigeröder Kinogeschichte ab 1897

Books on Demand, Norderstedt

Buch: 14,99 €

ISBN-10: 375281392X
ISBN-13: 978-3752813920